3スパイス＆3ステップで作る

はじめての
スパイスカレー

水野仁輔

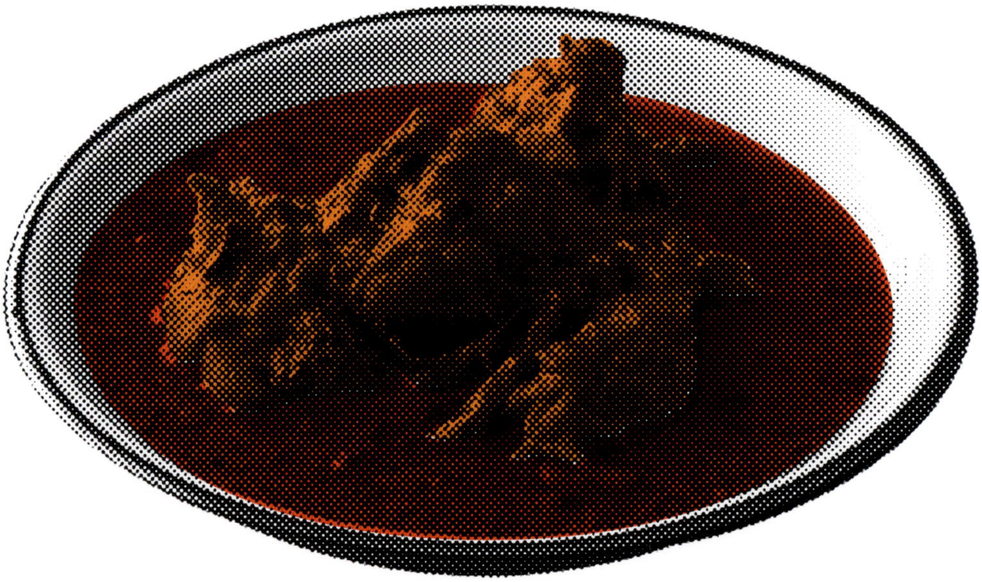

はじめに

本格的なスパイスカレーが誰にでも簡単に作れます。
たった3種類のスパイスを準備すればオッケー。
3ステップでできるから、ややこしい手順もありません。
フライパンひとつあれば、立派な鍋がなくても大丈夫。
これが、僕のスパイスカレーです。

みなさんがスパイスでカレーを作ってみたくなったときに
いちばん戸惑ったり不安になったりするポイントはどこなのか。
何があれば、失敗せずにまっすぐゴールにたどり着けるのか。
頭を悩ませた結果、今までのカレー本にはなかった、
3つのことに挑戦しました。

❶ 基本のカレーでは、これ以上増やせないくらい、
プロセスの写真をたくさん掲載しました。

❷ すべてのカレーについて、最重要チェックポイントである、
"カレーの素"の写真を大きく掲載しました。

❸ カレーにおけるスパイスの投入タイミングは3箇所です。
スパイステクニックごとに章立てし、レシピを分類しました。

ちょっとしたアレンジでバラエティに富んだカレーを作れるのも
スパイスカレーのいいところです。
もちろんそのアレンジ例もいっぱい紹介しています。

「スパイスだけで本格的なカレーを作ってみたい」と
一度でも思ったことがある人は、
どうか基本のチキンカレーから挑戦してみてください。
多くの発見と手ごたえが生まれると信じてます。

では、一緒に"スパイスカレーをめぐる冒険"を始めましょう。

目次

はじめに ………… 3
スパイスカレーとは ………… 6
- 3スパイス ………… 8
- 3ステップ ………… 9
- 基本の道具 ………… 10

スパイスチキンカレー 基本編 ………… 12
- Step1 切る ………… 14
- Step2 炒める ………… 16
- Step3 煮る ………… 20

Chapter 1 基本の3スパイスで作るカレー ………… 22

- ダブルキーマカレー ………… 24
- カリフラワーとじゃがいものカレー ………… 28
- 豚肉の煮込みカレー ………… 30
- カジキマグロのクリーミーカレー ………… 32
- 洋食屋のビーフカレー ………… 34
- カシューナッツチキンカレー ………… 36
- きのこたっぷりカレー ………… 38
- 夏野菜のえびだしカレー ………… 40

Chapter 2 はじめのスパイス + 基本の3スパイスで作るカレー ………… 44

- はじめのスパイスとは ………… 46
- ダブルスープカレー ………… 48
- ドライビーフカレー ………… 52
- バターチキンカレー ………… 54
- 玉ねぎづくしのチキンカレー ………… 56
- すっきり野菜カレー ………… 58
- ほうれん草と鶏肉のカレー ………… 60
- ヨーグルト風味のポークカレー ………… 62
- グリーンチキンコルマ ………… 64
- ミックスベジタブルカレー ………… 66
- ミックスベジタブルマサラ ………… 68
- シーフードグリーンカレー ………… 70

Chapter 3

はじめのスパイス ＋ 基本の3スパイス ＋ 仕上げのスパイスで作るカレー ………… 74

- 仕上げのスパイスの使い方 ………… 76
- ローズマリーチキンカレー ………… 78
- 焼きなすのカレー ………… 82
- ひよこ豆のカレー ………… 84
- 真だらの香味カレー ………… 86
- フライドチキンカレー ………… 88
- しょうが風味のえびカレー ………… 90
- 鶏肉とバジルのカレー ………… 92
- ラムチョップの煮込みカレー ………… 94
- カリフラワーのホワイトカレー ………… 96
- なすとピーマンのドライカレー ………… 98
- さけとほうれん草のカレー ………… 100
- スパイスチキンカレー 応用編 ………… 102

- スパイス香るサイドメニュー ………… 108
- スパイスカレー Q&A ………… 112

- スパイスをめぐる冒険 1　スパイスの正体に夢中になった日々のこと ………… 42
- スパイスをめぐる冒険 2　スパイスのバランスに悩んだ日々のこと ………… 72
- スパイスをめぐる冒険 3　スパイスのルールを追い求めた日々のこと ………… 106
- スパイスをめぐる冒険 4　スパイスのセンスに憧れ続ける今のこと ………… 119

おわりに ………… 127

本書の使い方

- 大さじ1は15ml、小さじ1は5ml、1カップは200mlです。
- 材料の分量は、各レシピごとに表示しています。
- フライパン（鍋）は厚手のものを使用してください。フッ素樹脂加工のものがおすすめです。
  本書では、直径24cmのフライパンを使用しています。
  鍋の大きさや材質によって熱の伝わり方や水分の蒸発の仕方などに差が出ます。
- 塩は自然塩を使用しています。粗塩の場合、計量スプーンですり切りを計っても
  塩分濃度が足りない可能性があります。その場合は、最後に味を調整してください。
- 火加減の目安は、強火が「鍋底に炎が勢いよくあたる程度」、
  中火が「鍋底に炎がちょうど届く程度」、弱火が「鍋底に炎がギリギリあたらない程度」です。
- 「スパイスチキンカレー 基本編」（P.12）に関しては、火加減を以下のように記載しています。
  強火：🔥🔥🔥　強めの中火：🔥🔥🔥　中火：🔥🔥　弱火：🔥
- ふたは、フライパン（鍋）のサイズにぴったり合ったもの、できるだけ密閉できるものを使用してください。
- すべてのレシピに、調理中の最重要チェックポイントである「カレーの素」の写真を掲載しています。
  レシピ内「✓」の段階で、手元のフライパン（鍋）の中と写真を比較してみてください。
- 完成写真は、1〜2皿分を盛りつけています。

スパイスカレーとは

◎ カレールウもカレー粉も使わない

◎ スパイスの力で食材の味が引き立つ

◎ 味や見た目のバリエーションが豊富

◎ 手順が単純なのに本格的な仕上がり

◎ 体によくて何度食べても飽きない

◎ フライパンひとつあればできる

心構え

スパイスでカレーを作るときに最も大切なことは、なんだと思いますか？ スパイスの配合やバランス？ 玉ねぎの炒め方？ 食材の選び方や煮込み方？ どれも大切です。でもいちばん大切なのは、**思い切りよくテンポよく作ること**です。フライパンを火にかけたら迷わず最後まで一気に作る。そのために食材を"切る"、スパイスを計量する、などの準備はあらかじめしておきましょう。料理が始まったら、"炒める"、"煮る"という**各プロセスにメリハリをつける**。特に加熱による水分コントロールは、最も仕上がりの味に影響します。玉ねぎは思い切りよく炒めて水分を飛ばす。煮るときにはひと煮立ちさせる、煮詰めるという感覚が大切です。ボンヤリしたカレーではなく、**ハッキリと自己主張のあるカレー**を目指してください。

基本の3スパイス

＋

いつもの道具

いつもの食材

＝

簡単・本格スパイスカレー！

3スパイス

スパイスカレーに欠かせないトップ3のスパイスたち。香りづけ、辛味づけ、色味づけという役割をバランスよく兼ね備えています。

Spice 1 ターメリック

「ウコン」の名でおなじみのスパイス。しょうがの仲間で、**土臭い独特の香り**はありますが、辛味はありません。インドでは最も多くの料理に使われているスパイスで、胃腸を整えたり傷口に塗ったり重宝されています。**鮮やかな黄色はカレーに食欲をそそる色味を加えます**が、入れすぎると苦味が出てしまうので注意してください。

Spice 2 カイエンペッパー

赤唐辛子の粉。正確には"レッドチリパウダー"と言いますが、日本ではカイエンペッパーという名が一般的。様々な品種がある赤唐辛子の総称として使われているようです。**鮮烈な辛味が特徴**。好みに応じて使用する量を増減してください。あまり知られてませんが、**パプリカに似た芳ばしい香りがあって**スパイスカレーには欠かせません。

Spice 3 コリアンダー

「香菜」や「パクチー」の名で知られる植物の種を乾燥させたスパイス。**セリ科ならではのさわやかな香りがあり、**インド料理には欠かせません。煮込むとカレーにとろみをつけるのも特徴のひとつ。**"調和のスパイス"**と呼ばれ、個性豊かなスパイスのバランスを取る役割も果たすため、通常、他のスパイスよりも使われる量が多いです。

3 ステップ

切って、炒めて、煮る。スパイスカレーのステップは大きく3つ。いたってシンプルですが、この手順を守るのはとても重要です。

Step 1

切る

玉ねぎをみじん切りにするか薄切りにするか、にんにくやしょうがを切るかすりおろすか。**切り方によって火の通り方や水分の出方がずいぶん変わります**。炒めたときにカレーの素の出来を左右する大切なプロセスです。食材の切り方は煮るときにも影響します。そして何より、事前に切っておくことでテンポよく作ることができます。

Step 2

炒める

スパイスカレーは"煮込み料理"ではなく、"炒め煮料理"です。煮る前に炒めるという手順を欠かすことはできません。**肝心なのは脱水**。きっちり炒めて食材に含まれる水分を飛ばせば旨味が増す。スパイスは炒めることで香りが立つ。**炒め終わりにできる"カレーの素"は、スパイスカレーにおける最重要チェックポイント**です。

Step 3

煮る

スパイスカレーは煮て仕上げます。煮ることによって具にする食材ならではの味わいが抽出され、"カレーの素"に含まれる旨味や香味と調和します。**煮るときに意識したいのは、水分量のコントロール**。煮詰める感覚で少しずつ水分を蒸発させながら味を引き締めていく。濃厚な味にしたければ、煮る時間を少し増やしてください。

基本の道具

特別な道具がなくてもスパイスカレーは作れます。木べらは必須アイテム。計量に必要なスプーンやカップはあると便利です。

フライパン

片手で持てるフライパンは炒めやすい。厚手でフッ素樹脂加工なら焦げにくく、深めだと煮るのにも適しています。お手頃な価格のもので十分。ちなみに写真のフライパンは、スーパーで980円で買いました。直径24cm。本書のレシピは、すべてこのフライパンで作ってます。

木べら

炒めるときも煮るときもフライパンの内側をまんべんなくなぞることができる木べらは、最も大切な道具です。必ず準備してください。

菜ばし

何かと便利な菜ばしですが、スパイスカレーを作る上では、実際にはあまり使いません。揚げ物をしたり盛りつけたりするときには重宝します。

計量カップ

水やココナッツミルクなど液体の計量に必要です。慣れてきたら目分量でも構いませんが、はじめはきっちり計量するのをおすすめします。

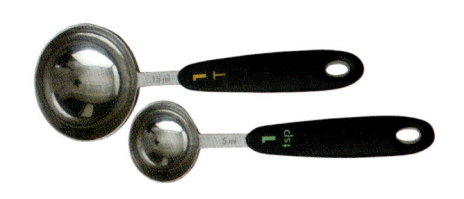

計量スプーン

スパイスや油の計量に必要です。すり切りで計るため、浅いものより深いスプーンの方が誤差が少ない。小さじ3杯分で大さじ1杯に相当。

包丁

1本あれば大丈夫。スライサーと呼ばれる短めの包丁があると玉ねぎをはじめ、野菜を切るのに便利。肉や魚は長い包丁の方が切りやすい。

まな板

どんなものでも構いません。丸型だと切った食材をボウルなどに移さず、回転させながら空いた場所で別の食材を切れるので重宝します。

ボウル

大中小3つあると便利です。切った食材を入れておいたり、肉に下味をつけたりマリネしたりします。ざるがあるとさらに便利。

おろし金

にんにく、しょうがなどをすりおろすのに使用。両面に刃のあるタイプだと、細かい面でにんにく、粗い面でしょうがなど使い分けが可能。

スパイスチキンカレー 基本編

たった3種類のスパイスで、カレーが作れる。
嘘だと思いますか？ 本当なんです。
手順を詳しく紹介していますので、
このレシピを信じて挑戦してみてください。

> **材料** 3～4皿分
>
> サラダ油 …… 大さじ3
> 玉ねぎ（みじん切り）…… 1個（200g）
> にんにく（すりおろし）…… 小さじ2（20g）
> しょうが（すりおろし）…… 小さじ2（20g）
> カットトマト …… 200g
> ● 基本の3スパイス
> 　　ターメリック …… 小さじ1
> 　　カイエンペッパー …… 小さじ1
> 　　コリアンダー …… 大さじ1
> 塩 …… 小さじ1
> 湯 …… 400ml
> 鶏もも肉（ひと口大に切る）…… 600g

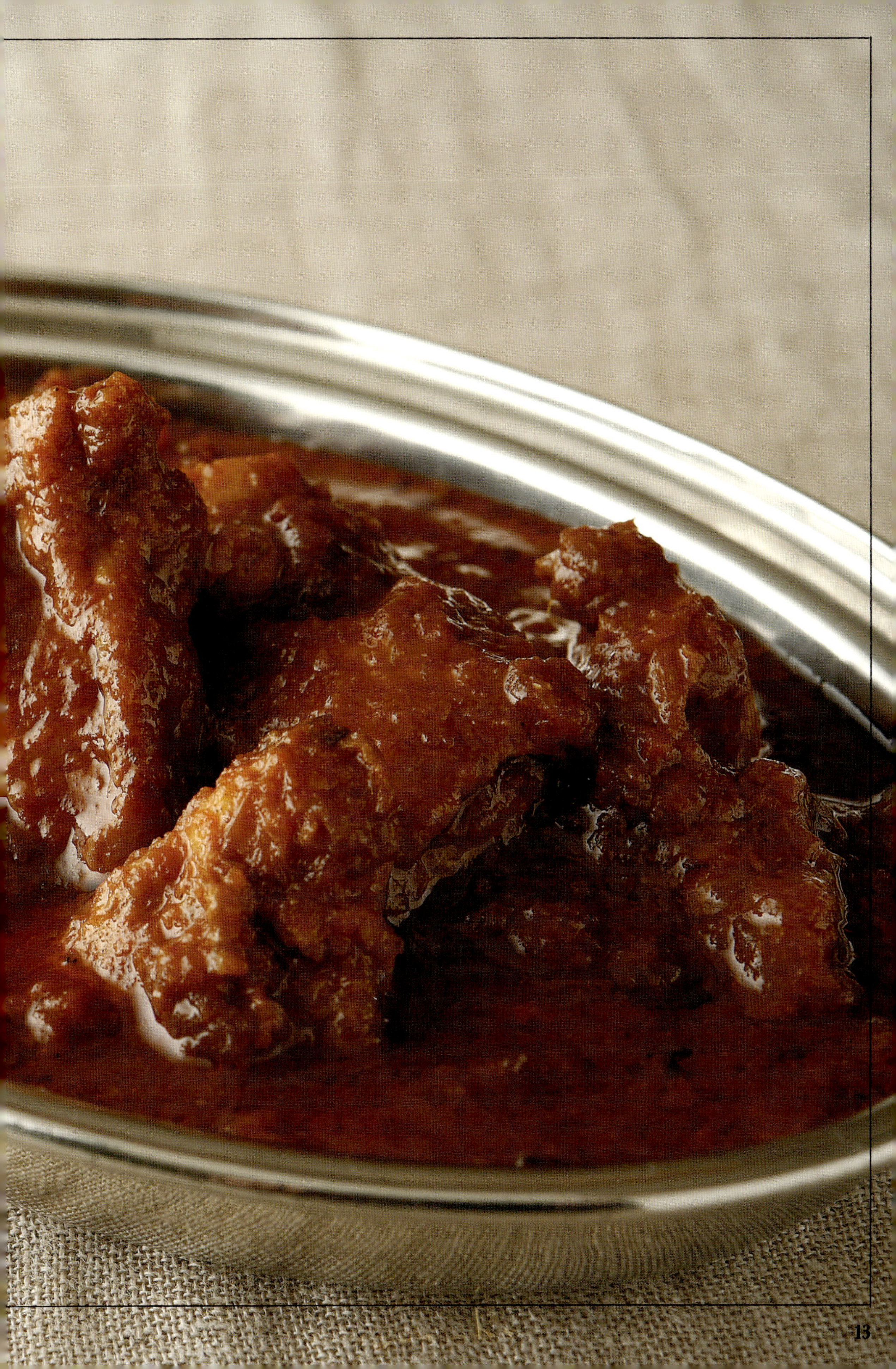

Step 1 切る

切り方によって火の通り具合いが変わります。ほとんどのレシピに登場する玉ねぎ、にんにく、しょうがは特に切り方が肝心です。

① 玉ねぎを切る

玉ねぎを5ミリ角の粗みじん切りにする。
細かくしすぎない方が甘味が出やすい。

② にんにく、しょうがを切る

にんにくをすりおろす。
できれば、おろし金の目の細かい方を使う。

しょうがをすりおろす。
できれば、おろし金の目の粗い方を使う。

50〜60mlの水で溶いておく。
水で溶けば、炒めるときにだまになりにくい。

③ 鶏肉を切る

鶏肉をひと口大に切る。
繊維を断ち切るように包丁を入れるとよい。

塩、こしょう（ともに分量外）を振って
下味をつけておく。
冷蔵庫に入れず、5分ほど常温で置いておく。

Step 2 炒める

炒めるときの最大のポイントは、水分を飛ばすこと。これに尽きます。「脱水、脱水、脱水……」と念じながら炒めてください。

※原寸大（直径24cm）

④ 玉ねぎを炒める

フライパンにサラダ油を加えて中火で熱する。
10～15秒ほど、サラダ油が温まるまで。

火加減：🔥🔥

玉ねぎを加えたらざっと混ぜ合わせる。
玉ねぎの表面全体に油がからんでツヤが出てきたら、
木べらでフライパン全体にまんべんなく広げる。

火加減：🔥🔥

強火にして玉ねぎの表面を焼きつけるように炒める。
はじめの4～5分はなるべく木べらを使わず放置。
かき混ぜる頻度は最低限にして水分を飛ばす。

火加減：🔥🔥🔥

フライパンの中をまんべんなくかき混ぜながら、
水分を飛ばすよう意識しながら3～4分炒める。
へりの部分が焦げやすいので、注意。

火加減：🔥🔥🔥

玉ねぎの表面全体がこんがり色づいてきたら、
少し火を弱め、木べらを忙しくかき混ぜる。

火加減：🔥🔥🔥

中火にしてきっちりと色づくまで炒める。
玉ねぎのふちがこげ茶色～黒くなるのが目安。
ここまで炒めても焦げてはいないので大丈夫。

火加減：🔥🔥

⑤ にんにく、しょうがを炒める

あらかじめ水で溶いた
にんにく、しょうがを加える。
玉ねぎの焦げつきを止めるため、
素早く加える。
火加減：🔥🔥

フライパンを揺らし、
木べらを動かして
炒め玉ねぎ全体になじませる。
火加減：🔥🔥

20〜30秒ほど放置する。
湯気が立ち、水分がある程度飛んだら、
木べらを使って1〜2分炒め合わせる。
火加減：🔥🔥

にんにく、しょうがの
青臭い香りが飛び、
表面にうっすら油の照りが
浮いてくるのが
炒め終わりの目安。
火加減：🔥🔥

⑥ トマトを炒める

カットトマトを加える。
火加減：🔥🔥

少し火を強め、形の残っているトマトを
木べらでつぶすように炒める。
火加減：🔥🔥🔥

水分がきっちり飛ぶまで3〜4分炒める。
火加減：🔥🔥🔥

表面にうっすら油の照りが浮いてねっとりとし、
鍋底を木べらでこすっても戻らない程度まで
とにかくしっかり炒める。
火加減：🔥🔥🔥

弱火にしてターメリック、
カイエンペッパー、
コリアンダーの順に混ぜ合わせる。
基本の3スパイスは、1種類ごとによく混ぜると
粉っぽくならず、全体になじみやすい。
火加減：🔥

塩を混ぜ合わせる。
このタイミングで塩を加えると
スパイスの香りや辛味が立ちやすい。
最後に味を調整するため、
気持ち控えめの量で。
火加減：🔥

⑦ スパイスを炒める

check

カレーの素

強めの火で水分を飛ばしながら炒めることにより、玉ねぎの香味、にんにくとしょうがの風味、トマトの旨味が濃縮。さらに基本の3スパイスの香りや辛味が加わって、ねっとりとしたスパイスカレーのベースが完成する。

Step 3 | 煮る

カレーの仕上げとなる大切な作業です。
表面がフツフツとしている状態を
キープしながら煮ること。
煮詰めれば味わいが深まります。

※原寸大（直径24cm）

⑧ 湯を加えて煮る

湯を注ぎ、強火にして煮立てる。
水を注ぐ場合は、半量ずつ2回に分けて注ぎ、
その都度煮立てるとよい。
火加減：🔥🔥🔥

⑨ 鶏肉を加えて煮る

鶏肉を加えて全体を混ぜ合わせ、煮立てる。
火加減：🔥🔥🔥

弱めの中火にして、表面がフツフツとしている
状態を保ちながら、30分ほど煮込む。
鍋底が焦げつかないよう、
ときどき木べらでかき混ぜる。
火加減：🔥🔥

必要なら塩で味を調整する。
火加減：🔥🔥

完成

とろっとした汁の加減が
煮込み終わりの目安。
水分が飛びすぎたら適宜足し、
水分が残っていたら
少し長めに煮込んで
とろっとするまで水分を飛ばす。

turmeric

Cayenne pepper

Coriander

Chapter **1**

基本の
3スパイスで
作るカレー

覚えておきたい基本のスパイスを
3種類だけ紹介します。
ターメリック、カイエンペッパー、コリアンダー。
黄色に赤色に茶色、覚えやすいですね。
色味づけと辛味づけと香りづけ、絶妙のバランス。
インド料理で最も頻繁に使われるベスト3です。
投入するタイミングは、料理のど真ん中。
炒め終わった後、煮込み始める前。
まさにカレーの中心的存在を担うスパイスなんです。
たった3種類で本当にカレーができた！
そんな驚きをお楽しみください。

ダブルキーマカレー

ラッシー / イエローライス → **P.108**

ダブルキーマカレー

鶏ひき肉と豚ひき肉。ありそうでなかった二種類のブレンドで、味のいいとこ取りをしちゃいましょう。

材料　4皿分

- サラダ油 …… 大さじ3
- にんにく …… 2片
- しょうが …… 1片
- 玉ねぎ …… 1個
- カットトマト …… 150g
- ● 基本の3スパイス
  - ターメリック …… 小さじ1/2
  - カイエンペッパー …… 小さじ1/2
  - コリアンダー …… 大さじ1
- 塩 …… 小さじ1
- 湯 …… 200ml
- 鶏ガラスープの素 …… 小さじ1
- 鶏ひき肉 …… 400g
- 豚ひき肉 …… 200g
- コーン（水煮缶）…… 1缶（固形量 130g）
- 生クリーム …… 50ml

Step 1　材料を切る

玉ねぎは粗みじん切り、にんにく、しょうがは細かいみじん切りにする。

Step 2　炒める

フライパンにサラダ油を加えて中火で熱する。にんにくとしょうがを加えて、こんがりと色づくまで炒める。にんにくが焦げないように注意。

玉ねぎを加えて、強めの中火にし、全体を混ぜ合わせる。玉ねぎの表面に油がまわったら、少し放置して水分を飛ばす。

木べらでまんべんなくかき混ぜながら、深く色づくまで7分ほど炒める。

Step 2 炒める

トマトを加えて全体になじませる。

トマトを木べらでつぶしながら、きっちり水分が飛ぶまで炒める。

炒め終わりの目安は、木べらでフライパンの底をこすっても戻ってこなくなるくらいまで。

基本の3スパイス（ターメリック・カイエンペッパー・コリアンダー）、塩を順に加え、その都度混ぜ合わせる。

カレーの素

玉ねぎは強火で炒め始める。玉ねぎのふちが濃い茶色に色づいてきたら、少し火を弱めて焦げないように注意。カットトマトは水分を含んでいるので、加えた後は全体によくなじませれば玉ねぎが焦げつかない。

Step 3 煮る

湯に鶏ガラスープの素を溶いて注ぎ、
強火にして煮立てる。

豚ひき肉を加えて混ぜ合わせる。
フライパンの中に湯が入っているので、
ダマになりにくい。

鶏ひき肉を加えて混ぜ合わせる。

コーンを加えて混ぜ合わせ、ふたをあけたまま、
水分を飛ばしながら中火で10分ほど煮る。

生クリームを加えて、
少し火を強め、2〜3分煮詰める。

仕上がりの目安は、
フライパンの中にほとんど水分が残っていない状態。

完成

カリフラワーとじゃがいものカレー

カリフラワーとじゃがいものカレー

野菜の優しい味わいにはにんにくとしょうがをアクセントに。みじん切りにすれば香りが際立ちます。

材料　4皿分

- サラダ油 …… 大さじ3
- にんにく …… 2片
- しょうが …… 2片
- 青唐辛子 …… 3本
- 玉ねぎ …… 1個
- ● 基本の3スパイス
  - ターメリック …… 小さじ1
  - カイエンペッパー …… 小さじ1/2
  - コリアンダー …… 大さじ1
- 塩 …… 小さじ1
- 湯 …… 50ml
- じゃがいも …… 2個
- カリフラワー …… 1/2房
- トマト …… 1個
- グリーンピース（戻し豆）…… 2缶（固形量 130g）

作り方

切る

❶ にんにく、しょうがをみじん切り、青唐辛子を輪切りにする。

❷ 玉ねぎは、食感を楽しむために大きめの角切りにする。

❸ トマトはくし形切りにする。

❹ じゃがいもは皮をむいて小さめの乱切り、カリフラワーは小房にわけ、それぞれゆでておく。

炒める

❺ フライパンにサラダ油を中火で熱し、にんにく、しょうがを加えて炒める。

❻ 玉ねぎと青唐辛子を加えてこんがりと色づくまで炒める。

❼ 火を弱めて基本の3スパイスと塩を加えてさっと炒める。 ✓

煮る

❽ 湯を加えて煮立て、じゃがいもとカリフラワー、グリーンピースを加える。ソースをなじませるように混ぜ、ふたをして中火で2分ほど煮る。

❾ ふたをあけてトマトを加えて中火で煮立て、水分を飛ばすように煮詰める。

カレーの素

玉ねぎにはベースの旨味だけでなく、具としての役割も持たせたいため、玉ねぎの食感を残すのが理想。玉ねぎの表面は色づいているが、中にはまだ水分が残っていて厚みが保たれている程度に炒めるのが目安。

豚肉の煮込みカレー

かぼちゃのサブジ → P.108

豚肉の煮込みカレー

| 材料 | 4皿分 |

- サラダ油 …… 大さじ3
- 豚肉（もも、ばら、ロース）…… 600g
- 黒こしょう …… 小さじ1/2
- 梅酒 …… 大さじ2
- しょう油 …… 大さじ1
- にんにく …… 1片
- しょうが …… 1片
- 玉ねぎ …… 1個
- カットトマト …… 1カップ
- ● 基本の3スパイス
  - ターメリック …… 小さじ1/2
  - カイエンペッパー …… 小さじ1/2
  - コリアンダー …… 大さじ1
- 黒すりごま …… 大さじ1
- 湯 …… 500ml
- 大根 …… 1/4本

作り方

切る

❶ 豚肉は、余計な脂を切り落として500g程度を大きめの角切りにし、黒こしょうをふり、梅酒、しょう油と混ぜて2時間ほどおく。

❷ 玉ねぎは粗みじん切りにし、にんにく、しょうがはすりおろして1/2カップの水（分量外）と混ぜ合わせておく。

❸ 大根は2センチ幅の輪切りにして4等分にする。

炒める

❹ フライパンにサラダ油を中火で熱し、玉ねぎを加えて10分ほど、濃い茶色になるまで炒める。

❺ ②のにんにく＆しょうがジュースを加えて2分ほど炒める。

❻ トマトを加えて水分がきっちり飛ぶまで炒める。 ✓

煮る

❼ 基本の3スパイスを加えて炒め、黒すりごまを加えて炒める。

❽ 湯を注いで煮立て、①の豚肉とつけ汁、大根を加えて弱めの中火でふたをして90分ほど煮込む。

梅酒は甘酸っぱくて薫り高い隠し味。これで豚肉をマリネするテクニックは、どうか秘密にしておいてください。

カレーの素

玉ねぎをきっちり炒める。はじめは強火で玉ねぎの表面をしっかり焼きつける要領で炒め、後半は少し火を落として、強めの中火で水分を飛ばし切ろう。できあがったカレーの素はかなり深い焦げ茶色になる。

カジキマグロのクリーミーカレー

カジキマグロのクリーミーカレー

淡白なカジキマグロにココナッツミルクを。とろみとコクが頼もしい味方になってくれるでしょう。

材料　4皿分

- オリーブ油 …… 大さじ3
- にんにく …… 2片
- しょうが …… 2片
- 玉ねぎ …… 大1/2個
- ● 基本の3スパイス
    - ターメリック …… 小さじ1
    - カイエンペッパー …… 小さじ1/2
    - コリアンダー …… 大さじ1
- 塩 …… 小さじ1
- プレーンヨーグルト …… 1/2カップ
- 湯 …… 100ml
- ココナッツミルク …… 200ml
- まいたけ …… 1パック
- カジキマグロ …… 4切れ
- レモン …… 1/2個

作り方

切る

❶ にんにく、しょうがはみじん切りにする。

❷ 玉ねぎは4等分にしてから繊維に沿って厚めのスライスにする。

❸ カジキマグロはひと口大に切り、まいたけは小房にわける。

炒める

❹ フライパンにオリーブ油を中火で熱し、にんにく、しょうがを加えて色づくまで炒める。

❺ 玉ねぎを加えて3〜4分ほどほんのり色づくまで炒め、火を弱めて基本の3スパイスと塩を混ぜ合わせ、30秒ほど炒める。

❻ 弱火のままヨーグルトを加えて1〜2分炒める。 ✓

煮る

❼ 湯を加えて煮立て、ココナッツミルクを加えて煮立てる。

❽ まいたけを加えてふたをして弱火で3分ほど煮る。

❾ カジキマグロを加えて中火にし、火が通るまで2〜3分煮て、レモンをしぼる。

カレーの素

すっきりした味わいと薄い黄色に仕上げるため、玉ねぎはこんがりと色づくまで炒めない。しんなりした状態で止めるが、フライパンの中に水分が残っていない状態。ヨーグルトを加えた後は火を通しすぎないのもコツ。

洋食屋のビーフカレー

洋食屋のビーフカレー

材料　4皿分

- サラダ油 …… 大さじ3
- 玉ねぎ …… 大1個
- にんにく …… 2片
- しょうが …… 2片
- ブラウンマッシュルーム …… 12個
- 小麦粉 …… 10g
- ● 基本の3スパイス
  - ターメリック …… 小さじ1/2
  - カイエンペッパー …… 小さじ1
  - コリアンダー …… 大さじ2
- ウスターソース …… 大さじ2
- 湯 …… 500ml
- 牛肉 …… 450g
- 生クリーム …… 適宜

作り方

切る

❶ 玉ねぎを薄切りにし、にんにく、しょうがをすりおろす。

❷ 牛肉は、小さめのひと口大に切る。

❸ マッシュルームは3個をすりおろし、残りを半分に切る。

炒める

❹ フライパンにサラダ油を中火で熱し、玉ねぎを加えて15分ほどキツネ色になるまで炒める。

❺ にんにく、しょうがを加えてさらに3分ほど炒める。すりおろしたマッシュルームを加えて全体がなじむまで炒める。

❻ 小麦粉を加えて3分ほど炒める。

❼ 火を弱め、基本の3スパイスとウスターソースを加えて炒める。 ✓

煮る

❽ 湯を2回にわけて加えて煮立てる。

❾ 牛肉とマッシュルームを加えて煮立て、弱めの中火にしてふたをあけたまま60分ほど煮込む。器に盛って生クリームをたらす。

マッシュルームペーストを炒める。やったことのない手法でしょう？ フランス料理の手法を応用しました。

カレーの素

薄切りの玉ねぎは中火で少し時間をかけて火を通し、むらなく炒める。その後に加えるマッシュルームと小麦粉も同様に中火で長めに炒め、生っぽさを残さないようにしっかりと火を通すよう心がけよう。

カシューナッツチキンカレー

なすのアチャール → **P.108**

カシューナッツチキンカレー

カレーにナッツ類でコクを出すのは、インド料理から学んだテクニック。常套手段として覚えておいてください。

材料　4皿分

- サラダ油 …… 大さじ3
- 玉ねぎ …… 1/2個
- しょうが …… 2片
- ピーマン …… 2個
- にんにく …… 2片
- カットトマト …… 150g
- カシューナッツ …… 50g
- ● 基本の3スパイス
    - ターメリック …… 小さじ1
    - カイエンペッパー …… 小さじ1
    - コリアンダー …… 大さじ1
- 塩 …… 小さじ1
- 湯 …… 200ml
- 鶏もも肉 …… 400g
- 生クリーム …… 100ml
- ゆで卵 …… 4個

作り方

切る

❶ 玉ねぎはみじん切り、にんにくはすりおろし、しょうがは千切りにする。ピーマンは角切りにする。

❷ トマトとカシューナッツをミキサーでペーストにする。

❸ 鶏肉はひと口大に切る。ゆで卵は、適当なサイズに切る。

炒める

❹ フライパンにサラダ油を強めの中火で熱し、玉ねぎとしょうが、ピーマンを加えて色づくまで炒める。

❺ にんにくを加えて炒める。

❻ ②のペーストを加えて水分が飛ぶまで炒める。

❼ 基本の3スパイスと塩を混ぜ合わせ、30秒ほど炒める。 ✓

煮る

❽ 湯を加えて煮立て、鶏肉を加えてふたをして弱めの中火で15分ほど煮る。

❾ 生クリームを混ぜ合わせて煮立て、ゆで卵を混ぜ合わせる。

カレーの素

カシューナッツとカットトマトのペーストが持つ水分が完全に飛ぶまで炒める。炒め終わりの状態は、全体がねっとりとしたペースト状になるのが目安。炒め玉ねぎの茶色とトマトの赤が混ざった深い色合いを目指そう。

きのこたっぷりカレー

自家製カッテージチーズ → P.109

きのこたっぷりカレー

きのこの香りとバランスを取るために、いつもの油を香り高いごま油にアレンジ。これも立派なスパイスです。

材料　4皿分

- ごま油 …… 大さじ2
- 玉ねぎ …… 1個
- にんにく …… 1片
- しょうが …… 1片
- ● 基本の3スパイス
  - ターメリック …… 小さじ1/2
  - カイエンペッパー …… 小さじ1
  - コリアンダー …… 大さじ1
- しょう油 …… 小さじ2
- 湯 …… 300ml
- しめじ …… 2パック
- まいたけ …… 1パック
- エリンギ …… 1本
- トマト …… 1個
- バター …… 10g

作り方

切る

❶ 玉ねぎ、にんにく、しょうがをみじん切りにする。

❷ きのこ類は石づきを取って、小房にわける。エリンギは小さめのひと口大に切る。

❸ トマトは大きめの乱切りにする。

炒める

❹ フライパンにごま油を中火で熱し、にんにく、しょうが、玉ねぎを加えて7～8分炒める。

❺ 弱火にして基本の3スパイスを加えて炒め合わせ、しょう油を混ぜ合わせる。✓

煮る

❻ 湯を加えて煮立て、きのこ類を加えてふたをして弱火で15分ほど煮込む。

❼ トマトを加えてふたをあけたまま2～3分煮て、バターを溶かし混ぜる。

カレーの素

ごま油やしょう油を使う変わり種のカレーの素。トマトを炒めるプロセスがないため、玉ねぎを炒めるときにしっかり水分を飛ばしておくのがコツ。しょう油を加えた後は、火を通しすぎないように気をつけたい。

夏野菜のえびだしカレー

えびのスパイス炒め → **P.109**

夏野菜のえびだしカレー

材料　4皿分

サラダ油 …… 大さじ3
にんにく …… 1片
しょうが …… 1片
玉ねぎ …… 1/2個
ブラックタイガー …… 1尾
カットトマト …… 1カップ
● 基本の3スパイス
　　ターメリック …… 小さじ1/4
　　カイエンペッパー …… 小さじ1
　　コリアンダー …… 小さじ2
塩 …… 小さじ1
湯 …… 400ml
かぼちゃ …… 1/4個
なす …… 2本
いんげん …… 10本

作り方

切る

❶ にんにく、しょうがはみじん切り、玉ねぎは粗みじん切りにする。

❷ えびは殻をむいて背ワタを取り、包丁で叩いてペーストにする。

❸ かぼちゃ、なすは小さめの乱切りにして、160度の油で硬めに素揚げしておく。いんげんは5センチ幅に切る。

炒める

❹ フライパンにサラダ油を熱し、にんにく、しょうがをさっと炒め、玉ねぎを加えて5分ほど炒める。

❺ えびのペーストを加えて炒め、カットトマトを加えて水分が飛ぶまできっちり炒める。

❻ 基本の3スパイスと塩を加えて炒め合わせる。 ✓

煮る

❼ 湯を注いで煮立て、5分ほど煮る。

❽ ③のかぼちゃ、なす、いんげんを加えてさっと煮る。

えびのペーストを炒めれば、驚きのだしが生まれます。見た目にはわからないから意外性たっぷりの一品に。

カレーの素

えびのすり身を炒めるのがポイント。えびからいいだしが出るから玉ねぎはしっかり色づくまで炒めなくても大丈夫。その分、多めに加えるトマトの水分はしっかり飛ばせば、バランスのいいカレーの素ができる。

スパイスの正体に
夢中になった日々のこと

　カレーのなる木はありません。
　その昔（30年以上前かな？）、あるカレー屋がチェーン店を募る広告にこんなキャッチコピーを載せてたという。世界のどこかに"カレーの木"というものがあって、ある秋の日にたわわに実がなり、やがてポトリと落ちたその実を割ってみたら、中からかぐわしいカレー粉がサラサラとあふれだす。
　ないない、そんな話はあるわけがない。でもカレー粉というものは確かに不思議な存在だ。一度香ればどこからともなくジワッと唾がにじみ出て、ゴクリとやったら今度は胃袋がキュウキュウとなり始める。カレーが食べたい！ おのずと目が細まり、我慢がきかなくなる。
　正体不明の黄色い粉を魔法の杖のようにさっとひと振りしただけで、どんな料理もたちまちカレーに大変身。そんなのまるでおとぎ話の世界じゃないか。

　カレー粉がスパイスからできているということは、中学か高校の頃には察しがついていた。世界史の授業の影響だろうか。名うての冒険家が東南アジアを発見した。香辛料貿易が始まると、スパイスを求めて人々は殺し合いをした。東インド会社なんていう耳慣れない言葉と給食で食べるカレーの味は、あのとき僕の脳裏のすみっこでなんとなくつながっていたはずだから。
　カレーを作り始めた僕がスパイスにハマるのは宿命だった。そんな僕にスパイスの正体を教えてくれたのは、"手作りカレー粉作成キット"という商品だ。
　20種類のパウダースパイスがひとつずつ透明な袋に小分けにされている。すべての袋を開けて中身をボウルに移し、混ぜ合わせた後にフライパンで煎る。香ばしい香りが立ったところで密閉容器に移して何日か熟成させれば自家製カレー粉のできあがり。嘘みたいな商品だ。
　僕はこれに夢中になった。嘘みたいな自家製カレー粉を何度も何度も作り続け、その結果、スパイスからカレー粉ができるということが嘘じゃないことを知った。
　あの頃の僕は、とりつかれたようにカレー粉を作っていたなぁ。できあがったカレー粉を小さな小さな瓶に入れ、紐を結わえてネックレスのようにし、首からぶら下げて街を歩いていたこともある。カレー屋に入って店員の目を盗み、胸に忍ばせた自家製のカレー粉をパラリとやる快感と言ったら……。ああ、今思えば、顔から火が出て真っ黒焦げになるほど恥ずかしい。

　カレー粉を手作りするという作業は、思わぬ示唆に富んでいた。スパイスの正体がわ

かり始めたのである。20種類ある透明袋の中には赤、黄色、茶色、緑……とそれぞれに個性的な色の粉が入っている。袋の表面には、昔のタイプライターで打ったような簡素なフォントのカタカナが並び、その名を控えめに告げていた。

　僕はひとつの袋を開けるごとに、名前を確認し、色を見て匂いをかいだ。いちばんでかい顔をしているのはターメリックだった。こんなにいっぱい入ってるのか。だから、カレー粉は黄色いんだ。カイエンペッパーと書かれた赤い粉を食べてみて、あまりの辛さに吐き出した。なんだ、これは単なる唐辛子の粉じゃないか。

　クミンの袋を開けたら、当時バイトをしていたインド料理店のシェフたちの匂いがした。クローブの袋に鼻を突っ込んで苦い薬を飲まされた子供の頃のことを思い出したり、カルダモンのさわやかな香りをかいでイキそうになったりもした。

　鍵穴に鍵を差し込むようにスパイスの名前と特徴がカチリとはまると、その都度、大げさにはしゃいだ。ひとつずつ個別のスパイスの扉を開けていく作業を繰り返し、いつの間にか、僕は目を閉じて袋を開けてもそれが何のスパイスなのかを当てられるようになったのだ。このときほど、スパイスを自分のものにしたと浮かれたことはない。

　一方で、開けた途端にバタンと扉を閉めたくなるようなスパイスもあった。そういうスパイスは、名前もなかなか覚えられない。次第に僕は、自分の好きなスパイスだけでカレー粉を作るようになる。自宅のキッチンには、使わなくなったスパイスの袋が大量に余った。

　選ばれし精鋭スパイスたちは、最終的に10種類程度。不思議なことに使う種類を減らしても立派にカレーの香りがする。なるほど、カレーをカレーにしているスパイスの正体が、わかってきたような気がするぞ。こみあげてくる喜びを抑えられない僕は、誰に見せるわけでもないのにニヤリと不敵な笑みを浮かべていた。

P.72に *つづく*

cumin

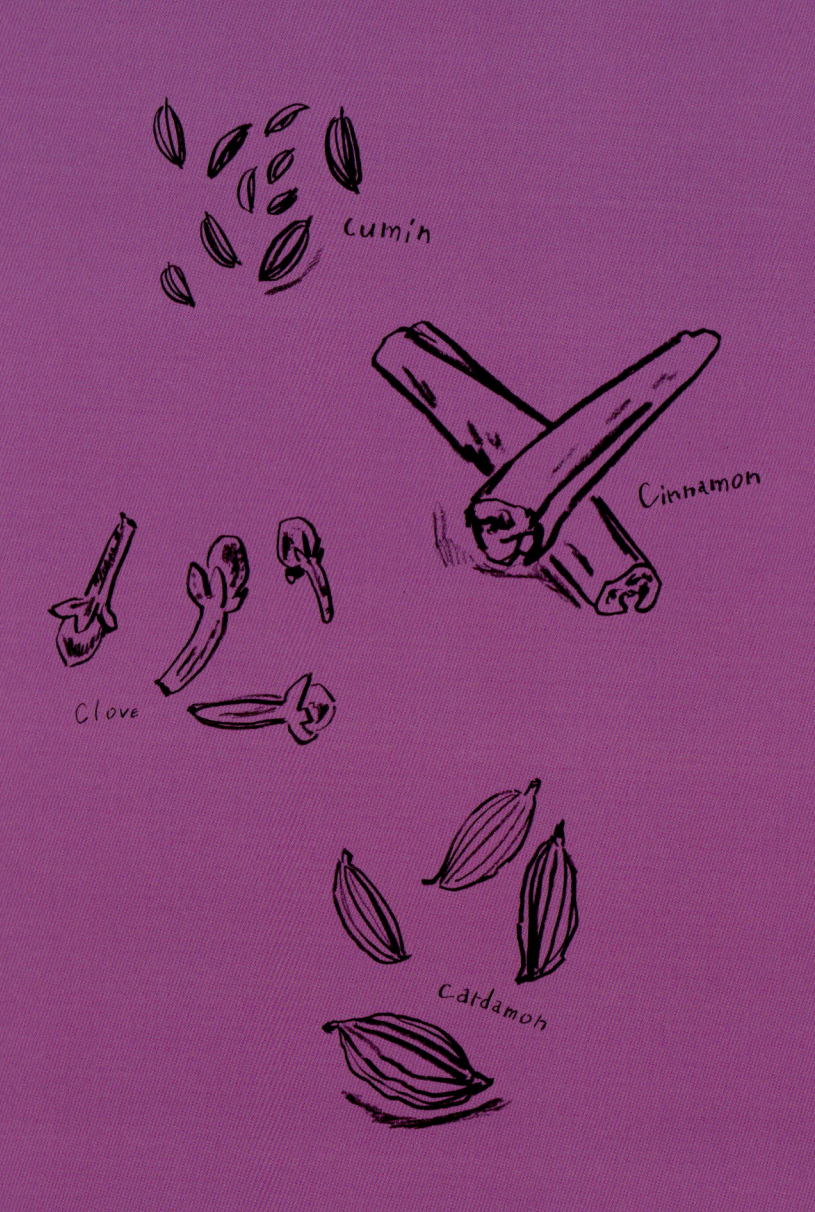

Cinnamon

Clove

Cardamon

Chapter **2**

はじめの
スパイス
＋基本の3スパイス
で作るカレー

粉状のものだけがスパイスではありません。
丸のままのホールスパイス。
使いこなしたら本格的な感じがしませんか？
火の通りにくいホールスパイスは、
いちばん最初に油と炒めて使います。
だから、スタータースパイスとも呼ばれます。
クミン、カルダモン、クローブ、シナモン。
覚えるスパイスは、4つだけで大丈夫。
これで半永久的に楽しめます。
"基本の3スパイス"に"はじめのスパイス"を
加えて、スパイスカレーのバリエーションを
もっと広げましょう。

はじめのスパイスとは

調理のいちばん最初に油と一緒に炒めるスパイスを"はじめのスパイス"と名付けました。このタイミングで使用するスパイスは、粉状に挽いていない丸のままのスパイス。一般的に"ホールスパイス"と呼ばれているものです。

加熱した油で丸のままのスパイスを炒めよう

粉状に挽いていない丸のままのスパイスは、火が通りにくいため、料理のはじめに加熱した油で炒めて香りを抽出します。その後は炒めても煮ても香りを出し続けてくれる頼もしい存在です。クミンシードは火が通りやすいため、温度が上がった状態の油に投入し、シュワシュワと泡立ってこげ茶色になるまで炒めます。カルダモン、クローブ、シナモンは、温度が上がる前に投入し、ジワジワと加熱しながら香りを抽出。カルダモンとクローブはプクッとふくれるのが炒め終わりの目安です。4種類のスパイスを2つのグループに分けて理解すると便利です。

	Aグループ	Bグループ
スパイス	クミンシード	カルダモン クローブ シナモン
特徴	炒めてすぐに 香りが立つ	煮込み時に 香りがジワジワ出る
適性	短時間で 仕上がる調理	長時間かかる料理
相性	野菜、豆、魚介類	肉類全般
使用分量の目安	1人前あたり およそ小さじ1/4程度	1人前あたり およそ1粒 (シナモンは1〜2cm)

クミンシード

インド料理に欠かせないスパイス。セリ科の1年草で、強烈な香りを持っています。単体で最もカレーに近い香りがあり、カレー粉の主成分でもあります。油と炒めるとすぐに香りが立つため、**煮込まないで短時間で仕上げる野菜や豆、魚介類のカレーとの相性がいい**。仕上げに香りを加えるテンパリングにも活躍します。

カルダモン

さわやかな強い香りは、一度体験したら忘れられないほどのインパクトを持っています。非常に高価なスパイスです。殻よりも中身の種に香りがあるため、油でプクッとふくらませて煮込むと、割れた部分から香りが溶けだします。**長時間煮込む肉料理で威力を発揮します。**クローブ、シナモンと組み合わせて使うのがおすすめです。

クローブ

奥深い香りは、ほのかに甘味を感じます。花のつぼみを乾燥させているためユニークな形をしています。胃腸薬など漢方の成分としても使われています。**カレーに奥行きのある味わいを生みますが、使いすぎると苦味が出てしまうので要注意。**西洋料理では肉の臭み消しとして活躍。インドではガラムマサラにも使われます。

シナモン

なじみ深いスパイスで、香りの想像がつく人も多いでしょう。スイーツや紅茶に使われる通り、**甘味を引き立てる香りを持っています。**クスノキ科の常緑樹の皮をはがして乾燥させたもの。他のホールスパイスと同様、油で炒めて煮込みますが、形が大きいため、割らずに使えば煮込み終わりに取り除きやすいスパイスです。

ダブルスープカレー

ダブルスープカレー

スープが命のこの料理は、骨付きの肉と昆布を煮込む。鶏ガラスープと昆布だしは、みんなが好きな旨味の二段重ね。

| 材料 | 4皿分 |

サラダ油 …… 大さじ3
● はじめのスパイス
　　カルダモン …… 5粒
　　クローブ …… 5粒
　　シナモン …… 5cm
玉ねぎ …… 大1個
にんにく …… 2片
しょうが …… 2片
カットトマト …… 150g

● 基本の3スパイス
　　ターメリック …… 小さじ1
　　カイエンペッパー …… 小さじ1
　　コリアンダー …… 大さじ1
塩 …… 小さじ1
だし昆布 …… 10cm × 2枚
水 …… 500ml
ココナッツミルク …… 50ml
鶏手羽元 …… 12本
にんじん …… 小1本
なす …… 2本
ピーマン …… 2個

Step 1 材料を切る

玉ねぎは繊維に垂直にスライスする。
だし昆布は分量の水につけておく。
にんにく、しょうがはすりおろしにして、水100ml（分量外）で溶いておく。
にんじんは4等分にする。なすは縦半分に切って表面に切り込みを入れ、素揚げする。
ピーマンは縦に4等分に切って素揚げする。

Step 2 炒める

フライパンにサラダ油とはじめのスパイス（カルダモン・クローブ・シナモン）を加えて中火で熱し、カルダモンがぷくっとふくれるまで炒める。

玉ねぎを加えて、強めの中火で黄金色になるまで7〜8分炒める。

7〜8分

にんにく＆しょうがジュースを加えて、水分を飛ばしながら炒める。

Step 2 炒める

水分が飛ぶと玉ねぎがねっとりとして、表面に油が浮いてくる。

トマトを加えて水分を飛ばしながら炒める。

木べらでこすって、戻ってこないのが目安。

火を弱めて、基本の3スパイス（ターメリック・カイエンペッパー・コリアンダー）、塩を順に加え、その都度混ぜ合わせる。

カレーの素

スライスの玉ねぎは、みじん切りに比べると火が通りやすい。水で溶いたにんにく、しょうがを加えたら、完全に水分が飛び、生っぽい特有の香りがなくなって炒め玉ねぎとなじんだことを確認してからトマトを入れる。

Step 3 煮る

だし昆布を水ごと加える。

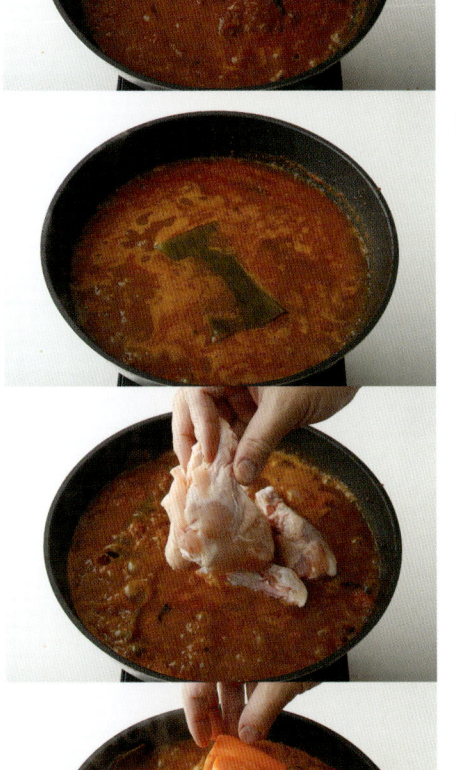

強火で煮立てる。

鶏肉を加える。

にんじんを加えて、弱めの中火で45分ほど煮る。
適宜、水（分量外）を加えながら、ひたひたの状態を保つ。

ココナッツミルクを加えて2〜3分煮る。

素揚げした野菜を加える。

完成

ドライビーフカレー

玉ねぎのアチャール → **P.109**

ドライビーフカレー

砂糖と酢のゴールデンコンビ。実は、甘酸っぱいカレーは、おいしいんです。ごはんが止まらなくなると思います。

材料	4皿分

サラダ油 …… 大さじ3
● はじめのスパイス
　カルダモン …… 4粒
　クローブ …… 4粒
　シナモン …… 5cm
玉ねぎ …… 大1個
にんにく …… 2片
しょうが …… 2片
カットトマト …… 200g
● 基本の3スパイス
　ターメリック …… 小さじ1/2
　カイエンペッパー …… 小さじ1
　コリアンダー …… 大さじ1
塩 …… 小さじ1
湯 …… 100ml
牛肉 …… 500g
にんじん …… 1/2本
酢 …… 小さじ2
砂糖 …… 小さじ2

作り方

切る

❶ 玉ねぎは繊維に垂直に薄切りにする。

❷ にんにく、しょうがはすりおろし、50mlの水（分量外）と混ぜておく。

❸ 牛肉は大きめのひと口大に切る。

炒める

❹ フライパンにサラダ油とはじめのスパイスを中火で熱し、カルダモンがぷくっとふくらんできたら玉ねぎを加えて5分ほど色づくまで炒める。

❺ にんにく＆しょうがジュースを加えて水分が飛ぶまで2～3分炒める。

❻ トマトを加えて水分が飛ぶまで炒める。

❼ 基本の3スパイスと塩を加えて30秒ほど炒める。✓

煮る

❽ 湯を加えて煮立て、酢と砂糖、牛肉、にんじんを加えて煮立て、混ぜ合わせる。

❾ ふたをして弱火で1時間ほど煮る。ときどきふたをあけてかき混ぜながら、煮詰めるような感覚で水分を飛ばす。

カレーの素

薄切りの玉ねぎは色づきやすいが、すりおろしのにんにくとしょうがの分量が多く、水を加えているので、水分を多く含んでいる。生っぽい香りが完全に飛ぶまで炒めたい。木べらにくっつくくらいまで炒められれば成功。

バターチキンカレー

バターチキンカレー

ヨーグルト、バター、生クリーム。乳製品って、ズルいですよね。まずくなりようのないカレーなのかもしれません。

| 材料 | 4皿分 |

マリネ
- プレーンヨーグルト …… 100g
- 塩 …… 小さじ1

● 基本の3スパイス
- ターメリック …… 小さじ1/2
- カイエンペッパー …… 小さじ1強
- コリアンダー …… 大さじ1

鶏むね肉 …… 600g
バター …… 50g

● はじめのスパイス
- カルダモン …… 4粒
- クローブ …… 4粒
- シナモン …… 5cm

にんにく …… 2片
しょうが …… 2片
青唐辛子 …… 2本
カットトマト …… 200g
生クリーム …… 200ml
はちみつ …… 大さじ1

| 作り方 |

切る

❶ マリネ用の材料と基本の3スパイスをよく混ぜ、鶏肉にもみこんで2時間ほど漬けておく。250度に熱したオーブンで10分間焼く。

❷ にんにく、しょうがをみじん切りにし、青唐辛子を輪切りにする。

炒める

❸ フライパンにバターを中火で熱し、すぐにはじめのスパイスを加えて炒める。

❹ にんにく、しょうが、青唐辛子を加えてさっと炒める。

❺ トマトを加えてある程度水分が飛ぶまで炒める。 ✓

煮る

❻ ①の鶏肉を加えて混ぜ合わせ、ふたをして弱火で15分ほど煮込む。

❼ 生クリームとはちみつを混ぜ合わせて、強めの中火で全体がとろっとするまで煮詰める。

カレーの素

玉ねぎを使わない分、トマトを炒める前に様々な香りを油に移しておくのがコツ。はじめのスパイスの香りが十分たったら、にんにく、しょうが、青唐辛子を加える。再び十分に香りが立ったらトマトを入れる。

玉ねぎづくしのチキンカレー

オクラとトマトのスパイス炒め → P.109

玉ねぎづくしのチキンカレー

別名、"チキン・ド・ピアザ"。玉ねぎの量を増やして使うタイミングを変えると玉ねぎの魅力が迫ってきます。

| 材料 | 4皿分 |

- サラダ油 …… 大さじ3
- ● はじめのスパイス
  - クミンシード …… 小さじ1/2
- 玉ねぎ …… 大2個
- にんにく …… 1片
- しょうが …… 2片
- カットトマト …… 100g
- ● 基本の3スパイス
  - ターメリック …… 小さじ1弱
  - カイエンペッパー …… 小さじ1弱
  - コリアンダー …… 大さじ1弱
- 塩 …… 小さじ1
- 湯 …… 100ml
- 鶏もも肉 …… 600g
- プレーンヨーグルト …… 100g

| 作り方 |

切る

❶ 玉ねぎは、1個を繊維に沿って厚めにスライスし、もう1個をすりおろす。にんにく、しょうがをすりおろす。

❷ 鶏もも肉を大きめのひと口大に切る。

炒める

❸ フライパンに大さじ1のサラダ油を中火で熱し、スライスした玉ねぎを加えて5分ほど炒め、取り出しておく。

❹ あいたフライパンに残りのサラダ油を中火で熱し、はじめのスパイスを加えて色づくまで炒める。

❺ すりおろした玉ねぎ、にんにく、しょうがを加えて強めの中火で5分ほど水分を飛ばしながら炒める。

❻ トマトを加えて水分が飛ぶまで炒め、火を弱めて基本の3スパイスと塩を加え、30秒ほど炒める。 ✓

煮る

❼ 湯を加えて強火で煮立て、鶏肉を加えて中火にし、5分ほど煮る。

❽ ヨーグルトを加えてふたをして弱火で15分ほど煮る。

❾ ③の玉ねぎを混ぜ合わせて弱めの中火で5分、程よいとろみがつくまで煮る。

カレーの素

すりおろした玉ねぎは水分を多く含んでいて、炒め始めに油がはねる可能性があるから注意。強火でフライパンの中をよく混ぜながら炒め、水分が飛んでぼそぼそとしてきたのを確認してからトマトを投入。

すっきり野菜カレー

すっきり野菜カレー

すっきりした味わいにしたければ、玉ねぎは炒めすぎないように。旨味よりもスパイスの香りを楽しむカレーです。

材料	4皿分

- サラダ油 …… 大さじ3
- ● はじめのスパイス
  - クミンシード …… 小さじ1
- にんにく …… 1片
- しょうが …… 1片
- 玉ねぎ …… 1/2個
- セロリ …… 10cm
- ● 基本の3スパイス
  - ターメリック …… 小さじ1/2
  - カイエンペッパー …… 小さじ1
  - コリアンダー …… 小さじ2
- 塩 …… 小さじ1
- 湯 …… 300ml
- はちみつ …… 小さじ1
- 冬瓜 …… 1/4個
- 牛乳 …… 200ml
- オクラ …… 10本
- ミニトマト …… 10個

作り方

切る

❶ 玉ねぎ、にんにく、しょうが、セロリをみじん切りにする。

❷ オクラは4等分に切る。冬瓜は小さめのひと口大に切る。ミニトマトは半分に切る。

炒める

❸ フライパンにサラダ油を中火で熱し、はじめのスパイスを炒める。

❹ にんにく、しょうがを加えてさっと炒め、玉ねぎとセロリを加えて強めの中火で5分ほど炒める。

❺ 火を弱めて基本の3スパイスと塩を加えて炒め合わせる。 ✓

煮る

❻ 湯を加えて煮立て、はちみつと冬瓜、牛乳を加えて10分ほど煮る。

❼ オクラ、ミニトマトを加えて、2〜3分煮る。

カレーの素

玉ねぎを深く色づくまで炒めないよう注意。玉ねぎやにんにく、しょうが、セロリの香味を活かすため、炒め時間を短めにして基本の3スパイスを混ぜ合わせれば、色も味わいもすっきりした仕上がりになる。

ほうれん草と鶏肉のカレー

スパイシーエッグ → P.110

ほうれん草と鶏肉のカレー

インド料理店で女性に人気のあるカレーです。油とにんにくと塩を増やせば、不思議とインドらしさがアップします。

材料	4皿分

- サラダ油 …… 大さじ3
- ● はじめのスパイス
  - クミンシード …… 小さじ1
- にんにく …… 3片
- しょうが …… 2片
- 玉ねぎ …… 1個（300g）
- カットトマト …… 100g
- ● 基本の3スパイス
  - ターメリック …… 小さじ1/4
  - カイエンペッパー …… 小さじ1
  - コリアンダー …… 大さじ1
- 塩 …… 小さじ1弱
- 湯 …… 200ml
- 鶏もも肉 …… 400g
- ほうれん草 …… 1束
- じゃがいも …… 2個

作り方

切る

❶ 鶏肉は皮をむいてひと口大に切る。

❷ 玉ねぎ、にんにく、しょうがはみじん切りにする。じゃがいもは皮をむいて小さめの乱切りにする。

❸ ほうれん草はざく切りにして、茎を塩ゆでしてざるにあげてみじん切りにする。葉を塩ゆでしてざるにあげて粗熱を取り、少量の水（分量外）と一緒にミキサーで茎とともにペーストにする。

炒める

❹ フライパンにサラダ油を中火で熱し、はじめのスパイスを加えて色づくまで炒める。

❺ にんにく、しょうがを加えて色づくまで炒め、玉ねぎを加えて強めの中火でキツネ色になるまで炒める。

❻ トマトを加えてきっちり水分が飛ぶまで炒め、火を弱めて基本の3スパイスと塩を混ぜ合わせ、20～30秒ほど炒める。

煮る

❼ 湯を加えて煮立て、鶏肉とじゃがいもを加えてふたをして弱火で15分ほど煮る。

❽ ③のほうれん草ペーストを加えてひと煮立ちさせる。

カレーの素

クミンシードをこげ茶色になるまで炒めること。「こんなに色づいて大丈夫かな？」と不安になる程度でも真っ黒くなければOK。玉ねぎも焦げる手前までできるだけ炒めてみよう。香ばしさがおいしさの秘訣。

ヨーグルト風味のポークカレー

ヨーグルト風味のポークカレー

根菜と豚肉の相性を楽しめます。肉をヨーグルトとスパイスで漬け込むのは、肉カレーならではのコツです。

材料	4皿分

マリネ
- プレーンヨーグルト …… 200g
- にんにく …… 2片
- しょうが …… 2片
- 塩 …… 小さじ1

● 基本の3スパイス
- ターメリック …… 小さじ1
- カイエンペッパー …… 小さじ1
- コリアンダー …… 大さじ1

豚ロース肉(ブロック) …… 500g
サラダ油 …… 大さじ3

● はじめのスパイス
- カルダモン …… 4粒
- クローブ …… 4粒
- シナモン …… 3cm

玉ねぎ …… 1個
湯 …… 400ml
ごぼう …… 2本
れんこん …… 1個
トマト …… 1個

作り方

切る

❶ 玉ねぎは、みじん切りにし、にんにく、しょうがはすりおろす。

❷ ごぼう、れんこんは皮をむいて乱切りにする。トマトは乱切りにする。

❸ 豚肉をひと口大に切る。マリネ用の材料と基本の3スパイスを混ぜ合わせて豚肉を漬け込んでおく。

炒める

❹ フライパンにサラダ油を中火で熱し、はじめのスパイスを炒める。

❺ 玉ねぎを加えてこんがり色づくまで炒める。

❻ ③の豚肉をマリネ液ごと加えて炒める。 ✓

煮る

❼ 湯を加えて煮立て、ごぼう、れんこんを加えてふたをして弱火で1時間煮る。

❽ ふたをあけて火を強め、トマトをざっと混ぜ合わせる。

カレーの素

玉ねぎはキツネ色より少し深く色づくまで7〜8分は炒めたい。豚肉をマリネ液ごと加えた後は、マリネ液の中のにんにくや基本の3スパイスの香りをしっかり感じるまでは炒めるが、水分を完全に飛ばす必要はない。

グリーンチキンコルマ

グリーンチキンコルマ

ヨーグルトベースのカレーをコルマと呼びます。玉ねぎを丁寧に炒めて、美しい緑色の仕上がりを目指しましょう。

| 材 料 | 4皿分 |

- オリーブ油 …… 大さじ3
- ● はじめのスパイス
  - カルダモン …… 5粒
  - クローブ …… 4粒
  - シナモン …… 5cm
- 玉ねぎ …… 1/2個
- にんにく …… 1片
- しょうが …… 1片
- ペースト
  - 青唐辛子 …… 3本
  - 香菜 …… 1カップ
  - 水 …… 1/2カップ
  - クミンシード …… 小さじ1
  - コリアンダーパウダー …… 小さじ2
- 塩 …… 小さじ1
- 砂糖 …… 小さじ1
- 湯 …… 100ml
- ココナッツミルク …… 300ml
- 鶏もも肉(皮なし) …… 600g
- ミニトマト …… 8個

作り方

切る

❶ 玉ねぎは繊維にそってスライスにしてにんにく、しょうがはすりおろす。

❷ 青唐辛子と香菜をざく切りにしてペーストの材料とミキサーでペーストにしておく。ミニトマトは半切りにする。

❸ 鶏肉はひと口大に切る。

炒める

❹ フライパンにオリーブ油を中火で熱し、すぐにはじめのスパイスを加える。

❺ にんにくとしょうがを加えてさっと炒め、玉ねぎを加えてしんなりするまで炒める。

❻ ②のペースト、塩、砂糖を加えてさっと炒め合わせる。 ✓

煮る

❼ 湯を加えて煮立て、鶏もも肉を加えてふたをして弱めの中火で10分ほど煮込む。

❽ ココナッツミルクを加えて混ぜ合わせ、トマトを加えてふたをあけたまま5分ほど煮る。

カレーの素

あっさりとした味わいと薄い緑色に仕上げるため、玉ねぎの炒め加減はしんなりした状態まで。香菜のペーストは水分がきっちり飛んで、玉ねぎの周りに絡み合い、はっきりとした緑に色づくまで炒める。

ミックスベジタブルカレー

ミックスベジタブルカレー

少量の煮干しと白すりごまを玉ねぎと一緒に炒めましょう。意外なものが野菜のカレーに奥行きを出します。

材料　4皿分

- サラダ油 …… 大さじ3
- ● はじめのスパイス
  - クミンシード …… 小さじ1/2
- 玉ねぎ …… 1個
- にんにく …… 2片
- しょうが …… 2片
- 煮干し …… 5g
- 白すりごま …… 大さじ1
- カットトマト …… 100g
- ● 基本の3スパイス
  - ターメリック …… 小さじ1
  - カイエンペッパー …… 小さじ1
  - コリアンダー …… 大さじ1
- 塩 …… 小さじ1
- 湯 …… 400ml
- にんじん …… 1/2本
- カリフラワー …… 1房
- いんげん …… 20本

作り方

切る

❶ 玉ねぎは繊維に沿ってスライスにする。にんにく、しょうがは、すりおろして100ml（分量外）の水で溶いておく。

❷ にんじんは小さめの拍子切り、カリフラワーは小房にわけ、いんげんは3cmの長さに切る。

炒める

❸ フライパンにサラダ油を熱し、はじめのスパイスを色づくまで炒める。

❹ 玉ねぎを加えてこんがり色づくまで炒め、にんにく、しょうがジュースを加えて水分が飛ぶまで炒める。

❺ 煮干しと白ごまを加えて炒め、トマトを加えて水分が飛ぶまで炒める。

❻ 基本の3スパイスと塩を加えて30秒ほど炒める。✓

煮る

❼ 湯を加えて煮立て、にんじんを加えてふたをして弱めの中火で10分ほど煮る。

❽ カリフラワーを加えてふたをして5分ほど煮て、いんげんを加えてさらに5分ほど煮る。

カレーの素

玉ねぎと一緒に煮干しやごまを炒めるのは、あまり慣れないプロセスかも。煮干しは木べらで押さえて形をつぶすように炒めるといい。スパイスまでを炒め終わった状態は、もそもそとした感じが目安。

ミックスベジタブルマサラ

チャパティ → **P.110**

ミックスベジタブルマサラ

フライドオニオンのコクが加われば、野菜だけで作ったカレーとは思えない濃厚な味わいが生まれますよ。

| 材料 | 4皿分 |

- サラダ油……大さじ1
- ● はじめのスパイス
  - クミンシード……小さじ1
- にんにく……2片
- しょうが……2片
- ペースト
  - フライドオニオン……50g
  - 湯……100ml
  - 黒ごま……大さじ1
  - はちみつ……大さじ1
- ● 基本の3スパイス
  - ターメリック……小さじ1/2
  - カイエンペッパー……小さじ2
  - コリアンダー……大さじ1
- 塩……小さじ1
- 湯……100ml
- 酢……大さじ2
- なす……2本
- オクラ……10本
- トマト……2個

作り方

切る

❶ にんにく、しょうがはみじん切りにする。

❷ フライドオニオンを湯に浸し、粗熱が取れたらペーストの材料、基本の3スパイスをともにミキサーでペーストにする。

❸ なすは拍子切り、オクラはへたを落とし、トマトはくし形切りにする。

炒める

❹ フライパンにサラダ油を熱し、はじめのスパイスを炒める。

❺ にんにく、しょうがを加えて炒め、色づいたら②のペーストと塩を加えて水分が飛ぶまで炒める。 ✓

煮る

❻ 湯と酢を加えて煮立て、ふたをあけたまま、なすを加えて煮立て、ふたをして弱めの中火で3分ほど煮る。

❼ オクラを加えて火が通るまで煮る。

❽ トマトを加えて火を強め、全体を混ぜ合わせる。

カレーの素

フライドオニオンのペーストはそれほど水分を多く含んでいないので、炒め時間はあまりかけなくてもねっとりとした状態になるはず。フライパンの底を木べらでこすって戻ってこないくらいが目安。

シーフードグリーンカレー

シーフードグリーンカレー

| 材料 | 4皿分 |

ペースト
- 青唐辛子 …… 5本
- 玉ねぎ …… 1/4個
- にんにく …… 2片
- しょうが …… 2片
- 香菜 …… 1カップ
- フレッシュバジル …… 5枚
- クミンシード …… 小さじ1
- コリアンダー …… 小さじ1
- いかの塩辛 …… 大さじ1

オリーブ油 …… 大さじ3
湯 …… 200ml
ココナッツミルク …… 400ml
ブリのあら …… 400g
ブロッコリー …… 1/2房
こぶみかんの葉（あれば）…… 3～4枚
ナンプラー …… 大さじ1.5

作り方

切る
1. ペーストの材料をすべてミキサーでペーストにする。
2. ブリのあらは、さっと湯通ししておく。
3. ブロッコリーは小房にわける。

炒める
4. 厚手の鍋にオリーブ油を熱し、①のペーストを加えて水分が飛ぶまで炒める。✓

煮る
5. 湯を加えて煮立て、ココナッツミルク、ブリのあら、ブロッコリー、こぶみかんの葉を加えて5分ほど煮る。
6. ナンプラーで味を調整する。

塩辛を炒める。意外、ですか？ 発酵調味料がカレーに入るおいしさを実感できるカレーになるはずです。

カレーの素

生の状態のペーストは、青唐辛子や香菜独特の青臭い香りがある。炒めてこれを香ばしい香りに変身させよう。炒め始めは油がはねる可能性があるので、注意。水分を飛ばしてジュクジュクした炒め上がりを目指す。

スパイスのバランスに
悩んだ日々のこと

　カレーに欠かせないスパイスがわかり始めた僕は、間もなくカレー粉の手作りから卒業することにした。スパイスで直接カレーを作ればいいじゃないかと考えたからだ。

　自宅付近のスーパーには十分な品揃えがなかったから、僕はいつも渋谷の大型デパートの地下にある食品売り場でスパイスを買った。足しげく通ったから、今でも目を閉じれば、入口から階段を降りてスパイス売り場まで至るルートをハッキリと思い浮かべることができる。

　デパ地下の棚で僕が心を奪われたのは、ホールスパイスだった。粉に挽いていない丸のままのスパイスは、パウダースパイスよりも明らかに目立っていた。粒々のクミンシードに変てこな形のクローブ、美しい緑色をした堂々たるカルダモン。簡単にひと目ぼれをした僕は、片っ端からかごに入れた。それだけで本格的なカレー作りに向かって急速に前進しているような錯覚を覚えたし、何より自宅のキッチンにずらりと並べた姿を想像すると鼓動が高鳴った。

　ついに大人の階段をのぼってしまったのかも。紙袋を抱えて電車に乗る当時の僕には、階段をのぼるどころか、その後、深遠なるスパイスの沼にズブズブと身を沈め、もがき苦しむことになるなんて、これっぽっちも想像できなかった。

　ホールスパイスは期待を裏切らない代物だった。クミンはクミンの香り、クローブはクローブの、カルダモンはカルダモンの香りがする。そんな当たり前のことにすら無邪気に喜んだ。フライパンにサラダ油を熱し、ホールスパイスを炒めてみる。シュワシュワと泡立つクミンシードを見て、なんだかいけないことをしているような気分になり、僕はにわかに興奮した。

　これだ！カレー作りはこれに限る。僕はいとも簡単にホールスパイスの中毒患者になってしまったのである。昔から何につけ影響を受けやすい性格だから仕方ない。あの頃はホールスパイスが異様に輝いて見えた。キラキラしたビーズを宝箱に入れて眺めてる小さな女の子とおんなじで、僕は、ホールスパイスの入った瓶を吊り棚にうやうやしく並べ、ラベル面をきれいに揃えてみたりした。すると2畳に満たない狭いキッチンの吊り棚は、神棚みたいになった。

　一方で、カレーを作るときには惜しげもなく大胆に使っていたことも覚えている。パウダースパイスを使う代わりにホールスパイスを使う。それだけでより本格的な味になると思い込んでいたからだ。4人前のカレーを作るのにクローブやカルダモンを15粒とか20粒とかバンバン投入していた過去を思い返すとお

スパイスをめぐる冒険 **2**

ぞましい。（だって、クローブもカルダモンも1人前に1粒、2粒あれば十分なのだから！）

"東京カリ〜番長"という出張料理集団を結成して間もない頃、「誰のカレーがいちばんうまいのか、メンバー内でトーナメント戦をやろう」ということになった。面白いじゃないか。ホールスパイスという強力な武器を手にしていた僕は、自信に満ちていた。そしてたくさんのお客さんを迎えたイベントでの初戦。僕は、見事に大敗した。

まさかの出来事だった。神棚にまつったはずのホールスパイスへの不信感も募ったけれど、それは単なる八つ当たりにすぎない。「水野のカレーは本格的すぎるから好みがわかれるよね」。メンバーが何気なくこぼした

ひと言は慰めにもならず、みじめな思いに拍車をかけるばかり。自信喪失という言葉はこういうときのためにあるのだと思った。

確かにあのときのカレーはあまりおいしくなかったのだと今の僕は思う。ホールスパイス至上主義者が力任せに作るカレーは、スパイスのバランスを失い、風味が壊れていたに違いない。じゃあ、いったい何のスパイスをどのくらい使えば風味がまとまるというのだろうか。

長く続いたスランプを救ってくれたスパイスがある。コリアンダーパウダーだ。こいつを多めに使った日のカレーは、いつもよりおいしくできた。理由はわからない。でもそれ以来、僕は、頭の中に勝手なスローガンを刻み込んだ。"こりゃなんだー！？ 困ったときのコリアンダー"。お粗末極まりない。

一部のインド人シェフの間でコリアンダーが"調和のスパイス"と言われていることを知ったのは、それからずっとずっと後のことだ。ともかく僕は、優雅にタクトを振る指揮者のような気分で、フライパンにバランスよくスパイスを投入できるようになっていた。

P.106に **つづく**

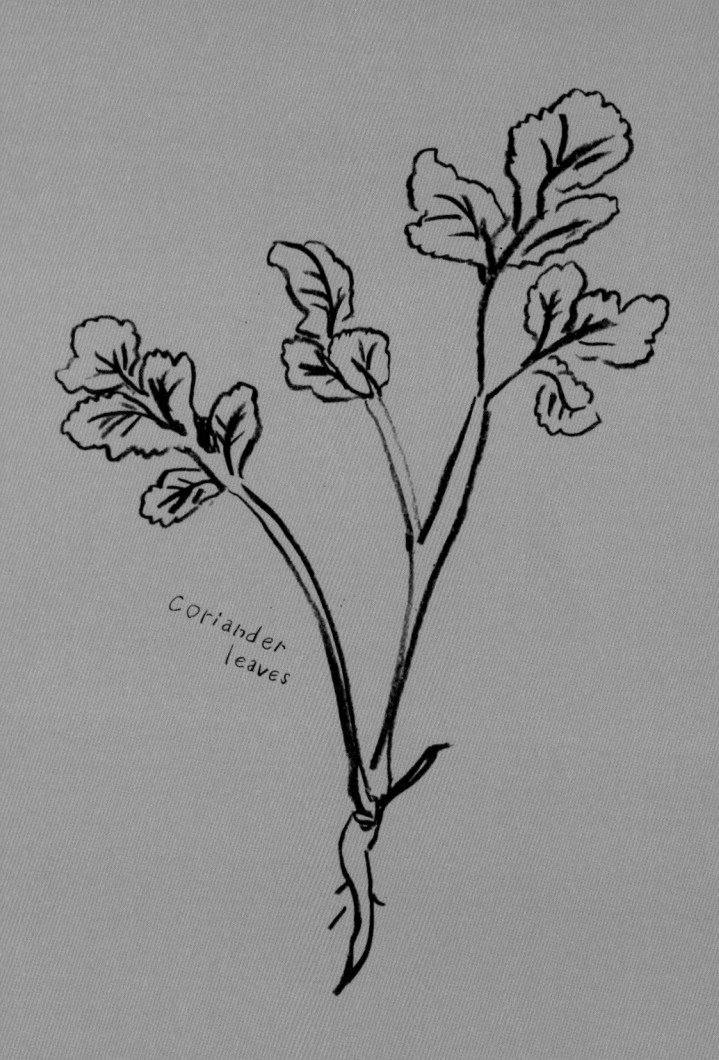

coriander
leaves

Chapter 3

はじめのスパイス＋
基本の3スパイス＋
仕上げの
スパイスで
作るカレー

スパイスは身近なところにもあります。
ねぎ、ニラ、ししとう、ピーマン……。
どれも立派なスパイスです。
フレッシュな野菜や薫り高いハーブは、
蕎麦やみそ汁に加える薬味のようなもの。
混ぜるだけで思わぬ効果が生まれます。
単調になりがちなカレー、こってりしたカレーが
バランスよく奥行きのある味わいに。
テンパリングという高度なテクニックも紹介。
仕上げのスパイスを使いこなせれば、
スパイスカレーはマスターしたも同然です。

仕上げのスパイスの使い方

調理のいちばん最後に混ぜ合わせて香りを加えるスパイスを"仕上げのスパイス"と名付けました。
このタイミングで使用するスパイスは、主にフレッシュなスパイス。
"薬味"や"ハーブ"と呼ばれるようなものも含まれます。

生のスパイスを細かく切って混ぜ合わせよう

火の通りやすい生のスパイスは、料理の最後に加えます。さっと混ぜ合わせるだけで香りが立つため、カレーに強い印象を残すことができます。逆に加えた後の加熱時間が長いと香りは抜けてしまいます。少しクセの強い野菜ならほとんどすべてが仕上げのスパイスに利用できると考えてください。薬味のような役割を持つスパイスと、辛みを加えるスパイスと、"はじめのスパイス"と同様、加熱した油と炒めてからカレーに加えて香ばしさを出すスパイスとに分類できます。なお、本書では紹介していませんが、仕上げに粉状のスパイスを加える方法もあります。

	Aグループ	Bグループ	Cグループ
スパイス	香菜 ピーマン ししとう にら 細ねぎ	青唐辛子 しょうが	テンパリング
特徴	さわやかな香りを生む	鮮烈な辛味と香りが加わる	香ばしい香りが際立つ
適性	こってりコクのあるカレー	まろやかでマイルドなカレー	シンプルな味わいのカレー
相性	肉類全般	乳製品 肉類全般	豆 野菜 魚介類
使用タイミング	仕上がりの少し手前、盛りつけ後	仕上がりの少し手前 炒める途中 盛りつけ後	仕上がり直前

香菜(パクチー)

香菜は、さっぱりした香りをカレーに加えます。好きな人は器に盛った後に散らしてもいい。苦手な人は少なめに、もしくは加えてからの加熱時間を増やしてください。クセがやわらいで全体になじみます。

ピーマン

大きく切れば具になるし、小さく切ればスパイスになります。なじみ深く、穏やかな香りはカレーの味方です。

ししとう

輪切りにして加えるのがオーソドックスな使い方ですが、切り込みを入れて煮てもいい香りが加わります。

にら

にらはカレーに合うスパイスです。強い香りは、肉料理の仕上げに適してます。深い緑色で彩りもきれいに。

細ねぎ

ねぎ類は全般的に仕上げのスパイスに使えます。長ねぎやあさつきなどもそれぞれに個性があって効果的。

青唐辛子

辛味とさわやかで奥深い香りがあって、カレーの味わいをレベルアップしてくれます。玉ねぎと炒めるのもアリ。

しょうが

千切りにして仕上げに混ぜ合わせたり、盛りつけで添えたりします。鋭い香りが味を引き締めてくれます。

テンパリング

熱した油でスパイスを炒め、香りが立ったところで煮込んでいるカレーに加える方法。ジュワッという音とともに食欲をそそる香りが立ち上ります。

ローズマリーチキンカレー

ローズマリーチキンカレー

フレッシュなハーブもスパイスの仲間。仕上げに加えてください。ハーブってすごいなぁ……、を実感できます。

| 材料 | 4皿分 |

- オリーブ油 …… 大さじ3
- ●はじめのスパイス
  - カルダモン …… 3粒
  - クローブ …… 3粒
  - シナモン …… 3cm
- にんにく …… 1片
- しょうが …… 2片
- 玉ねぎ …… 1個
- カットトマト …… 100g
- ●基本の3スパイス
  - ターメリック …… 小さじ1/2
  - カイエンペッパー …… 小さじ1/2
  - コリアンダー …… 大さじ1
- 塩 …… 小さじ1
- 湯 …… 400ml
- 鶏レバー …… 50g
- 鶏ぶつ切り肉 …… 450g
- にんじん …… 1本
- まいたけ …… 1パック
- ●仕上げのスパイス
  - ローズマリー …… 4本

Step 1 材料を切る

玉ねぎは粗みじん切り、にんにく、しょうがはみじん切り、にんじんは乱切りにし、まいたけは小房にわける。鶏レバーは細かくきざんでおく。

Step 2 炒める

フライパンにオリーブ油を中火で熱し、はじめのスパイス（カルダモン・クローブ・シナモン）を加えてカルダモンがぷくっとふくれるまで炒める。

にんにく、しょうがを加えて色づくまで炒め、玉ねぎを加える。

強めの中火でこんがりと色づくまで7〜8分炒める。

Step 2 炒める

トマトを加えて炒める。

トマトの水分が完全に飛ぶまで炒める。

火を弱めて、基本の3スパイス
（ターメリック・カイエンペッパー・コリアンダー）、
塩を順に加え、その都度混ぜ合わせる。

鶏レバーを加えて、火が通るまで炒める。

カレーの素

仕上げに加えるローズマリーの強い香りに負けないよう、スパイスの香りを十分に出す。ホールスパイスは弱火でじっくり炒め、パウダースパイスは、加えてから30秒ほど炒めて香りが立つのを確認しよう。

Step 3 煮る

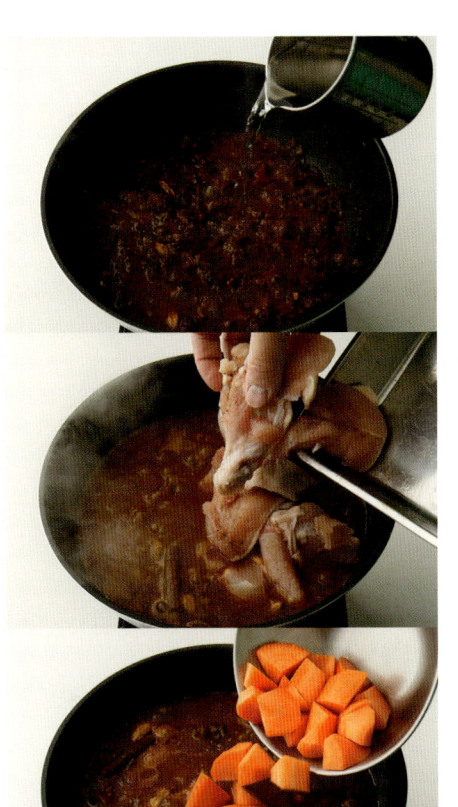

湯を加えて煮立てる。

鶏肉を加えて全体をよく混ぜ合わせ、鶏肉の表面が色づくまで煮る。

にんじんを加えて混ぜ合わせる。

まいたけを加えて煮立てる。

弱めの中火にして、ふたをして30分ほど煮込む。

ローズマリーを混ぜ合わせる。

完成

焼きなすのカレー

キュウリとトマトのサラダ → P.110

焼きなすのカレー

なすを焼くというひと手間で、抜群の香りが生まれるわけです。手間をかけた分、リッチな味わいに仕上がります。

| 材料 | 4皿分 |

- サラダ油 …… 大さじ3
- ● はじめのスパイス
  - クミンシード …… 小さじ1
- 玉ねぎ …… 1個
- にんにく …… 1片
- しょうが …… 1片
- カットトマト …… 100g
- ● 基本の3スパイス
  - ターメリック …… 小さじ1
  - カイエンペッパー …… 小さじ1
  - コリアンダー …… 大さじ1
- 塩 …… 小さじ1
- 湯 …… 200ml
- 長なす …… 12本
- ● 仕上げのスパイス
  - 香菜（ざく切り）…… 1/2カップ

| 作り方 |

切る

❶ 玉ねぎは粗みじん切り、にんにくとしょうがはみじん切りにする。

❷ なすは焼いて黒く焦げた皮をむいてざく切りにする。

炒める

❸ フライパンにサラダ油を中火で熱し、はじめのスパイスを炒める。

❹ にんにく、しょうがを加えて2〜3分炒め、玉ねぎを加えて火を強め、濃く色づくまで炒める。

❺ トマトを加えて水分を飛ばすように炒める。

❻ 基本の3スパイスと塩を加えて30秒ほど炒める。 ✓

煮る

❼ 湯を加えて煮立て、ふたをあけたまま水分を飛ばすように中火で5分ほど煮る。

❽ ②のなすを加えてつぶすように混ぜ合わせ、煮詰める。

❾ 仕上げのスパイスを混ぜ合わせる。

カレーの素

焼きなすの香りに負けないよう、香ばしくカレーの素を仕上げたい。玉ねぎを炒めるときは、強い火加減で焦げる手前ぎりぎりのところまで我慢する。危ないな、と思ったら大さじ2杯ほどの水を足してもいい。

ひよこ豆のカレー

しいたけのスパイス焼き → P.110

ひよこ豆のカレー

インドで"チャナマサラ"と呼ばれているカレーです。生玉ねぎを仕上げに加えれば薫り高いスパイスに変身しますよ。

材料　4皿分

- バター …… 40g
- ● はじめのスパイス
  - クミンシード …… 小さじ1
- 紫玉ねぎ …… 2個
- にんにく …… 1片
- しょうが …… 1片
- カットトマト …… 100g
- ● 基本の3スパイス
  - ターメリック …… 小さじ1/2
  - カイエンペッパー …… 小さじ1/2
  - コリアンダー …… 大さじ1
- 塩 …… 小さじ1
- ひよこ豆（水煮） …… 固形量500g
- 水 …… 300ml
- 香菜（ざく切り） …… 1/2カップ
- ● 仕上げのスパイス
  - 香菜（ざく切り） …… 適量

作り方

切る

❶ 紫玉ねぎは1/2個をみじん切りして、残りを繊維に沿ってスライスにする。

❷ にんにく、しょうがはすりおろして100mlの水（分量外）に溶いておく。

❸ 水と1/2カップの香菜をミキサーでジュースにしておく。

炒める

❹ フライパンにバターを中火で熱し、はじめのスパイスを色づくまで炒める。

❺ みじん切りにした紫玉ねぎを加えてこんがり色づくまで炒める。

❻ にんにく、しょうがを加えて水分が飛ぶまで炒め、トマトを加えて水分が飛ぶまで炒める。

❼ 弱火にして基本の3スパイスと塩を混ぜ合わせ、30秒ほど炒める。　✓

煮る

❽ ❸のジュースを注いで強火で煮立て、豆を加えて混ぜ合わせ、ふたをして弱火で5分ほど煮る。

❾ スライスの紫玉ねぎを混ぜ合わせ、中火で2～3分煮詰める。皿に盛り、仕上げのスパイスをのせる。

カレーの素

紫玉ねぎは強めの中火で7～8分、きっちりと炒める。にんにく、しょうがを加えた後も火は弱めず2～3分は炒めたい。トマトの水分もしっかり飛ばして、炒め終わりはとろみがまったくないペースト状を目指そう。

真だらの香味カレー

真だらの香味カレー

香ばしさを際立たせた魚のカレーです。油を使ったテンパリングは香りの魔術師。覚えるとやみつきになります。

| 材料 | 4皿分 |

- サラダ油 …… 大さじ2
- ● はじめのスパイス
  - クミンシード …… 小さじ1/2
- にんにく …… 1片
- しょうが …… 2片
- 玉ねぎ …… 中1個
- 青唐辛子 …… 4本
- カットトマト …… 1カップ
- ● 基本の3スパイス
  - ターメリック …… 小さじ1/2
  - カイエンペッパー …… 小さじ1
  - コリアンダー …… 大さじ1
- 塩 …… 小さじ1
- 湯 …… 300ml
- ココナッツミルク …… 100ml
- 真だら …… 6切れ（500g）
- ● 仕上げのスパイス（テンパリング）
  - サラダ油 …… 大さじ2
  - 玉ねぎ …… 大さじ1
  - カイエンペッパー …… 小さじ1/2
- レモン …… 1/2個

作り方

切る

❶ たらを3等分に切る。

❷ 玉ねぎはみじん切りにして大さじ1を別にとっておく。にんにく、しょうがは千切りにし、青唐辛子は輪切りにする。

炒める

❸ フライパンにサラダ油を中火で熱し、クミンシード、にんにく、しょうがをさっと炒める。

❹ 玉ねぎ、青唐辛子を加えて強めの中火で濃いキツネ色になるまで炒める。

❺ トマトを加えて水分が飛ぶまで炒め、火を弱めて基本の3スパイスと塩を混ぜ合わせ、30秒ほど炒める。 ✓

煮る

❻ 湯を加えて煮立て、ふたをして弱火で10分ほど煮る。

❼ ココナッツミルクを加えて煮立て、たらを加えて火が通るまで5分ほど煮る。

❽ 別のフライパンにサラダ油を中火で熱し、②で取りわけた大さじ1の玉ねぎを加えてキツネ色になるまで炒め、カイエンペッパーを加えてさっと炒め合わせ、⑦の鍋にあけて混ぜ合わせる（テンパリング）。

❾ レモンをしぼる。

カレーの素

すりおろした材料を使わないため、香ばしさが出やすい。焦がさないように、でも香ばしい香りが立つように意識しながら炒める。トマトの量が多いため、トマトを加えたら長めの時間をかけてきっちり水分を飛ばす。

フライドチキンカレー

キャベツのココナッツ風味炒め → P.110

フライドチキンカレー

インドの天ぷらカレーをアレンジ。こってり唐揚げとさっぱり柚子。バランスが大事なんですよね、とっても。

材料　4皿分

- サラダ油 …… 大さじ2
- ごま油 …… 大さじ1
- ● はじめのスパイス
  - クミンシード …… 小さじ1強
- にんにく …… 1片
- しょうが …… 2片
- 玉ねぎ …… 小1個
- 青唐辛子 …… 2本
- カットトマト …… 100g
- ● 基本の3スパイス
  - ターメリック …… 小さじ1/2
  - カイエンペッパー …… 小さじ1
  - コリアンダー …… 小さじ1
- 塩 …… 小さじ1
- 湯 …… 100ml
- 砂糖 …… 小さじ1
- しょう油 …… 小さじ2
- 赤ピーマン …… 3個
- 鶏もも肉 …… 300g
- ● 仕上げのスパイス
  - 青ねぎ …… 10本
  - 柚子の皮 …… 1/2個分

作り方

切る

❶ 鶏肉はひと口大に切って、塩こしょうをし、小麦粉（分量外）をまぶして、揚げ油（分量外）で揚げておく。

❷ にんにく、しょうがはみじん切り、玉ねぎはくし形切り、青唐辛子は輪切りにする。

❸ 赤ピーマンは大きめの乱切り、青ねぎは小口切りにする。柚子の皮は千切りにする。

炒める

❹ サラダ油とごま油を熱し、はじめのスパイスを色づくまで炒め、にんにく、しょうがを加えて色づくまで炒める。

❺ 玉ねぎと青唐辛子を加えて玉ねぎがしんなりするまで炒める。

❻ トマトを加えて水分が飛ぶまで炒め、基本の3スパイスと塩を加えて30秒ほど炒める。 ✓

煮る

❼ 湯を加えて煮立て、砂糖としょう油を混ぜ合わせ、ピーマンと唐揚げを混ぜ合わせ、ふたをして弱めの中火で3分ほど煮る。

❽ ふたをあけて仕上げのスパイスを混ぜ合わせる。

カレーの素

玉ねぎは具としての味わいを残しておきたいので、形をつぶさない程度に炒める。くし形切りにしているので、強めの火で短時間炒めてしんなりすればOK。その分、トマトの水分はしっかり飛ばそう。

しょうが風味のえびカレー

じゃがいものスパイス炒め → **P.111**

しょうが風味のえびカレー

生のしょうがには清々しい香りと辛味があります。しぼり汁を加えてキリッと味を引き締めましょう。

材料　4皿分

- サラダ油 …… 大さじ3
- ● はじめのスパイス
    - クミンシード …… 小さじ1
- にんにく …… 2片
- 玉ねぎ …… 1個
- 青唐辛子 …… 3本
- ● 基本の3スパイス
    - ターメリック …… 小さじ1/2
    - カイエンペッパー …… 小さじ1/2
    - コリアンダー …… 大さじ1.5
- 塩 …… 小さじ1
- カットトマト …… 100g
- 湯 …… 200ml
- ブラックタイガー …… 16尾
- 生クリーム …… 大さじ2
- しょうが …… 3片
- ● 仕上げのスパイス
    - 香菜（ざく切り）…… 適量

作り方

切る

❶ 玉ねぎ、にんにくはみじん切り、青唐辛子は輪切りにする。しょうがはすりおろし、しぼり汁を取っておく。

❷ えびは、殻をむいて背を切りワタを取り除く。

炒める

❸ フライパンにサラダ油を中火で熱し、はじめのスパイスを加えて色づくまで炒める。

❹ にんにく、玉ねぎ、青唐辛子の順に加えて強めの中火で10分ほど炒める。途中、水50ml（分量外）を加えながら深く色づくまで炒める。

❺ トマトを加えて水分がほぼ飛ぶまで炒める。火を弱めて基本の3スパイスと塩を混ぜ合わせ、30秒ほど炒める。✓

煮る

❻ 湯を加えて煮立て、ふたをあけたまま煮詰める。

❼ えびを加えて煮立て、生クリームを混ぜ合わせ、しょうがのしぼり汁を加える。

❽ ふたをして中火で3～4分煮る。仕上げのスパイスを混ぜ合わせる。

カレーの素

できるだけ強火のまま炒める手法に挑戦しよう。玉ねぎのふちやにんにくがかなり黒っぽく色づいてくる。「もうこれ以上やったら焦げそう！」と思ったら水を投入。全体を混ぜ合わせてきっちりとしたアメ色に。

鶏肉とバジルのカレー

スパイシースクランブルエッグ → P.111

鶏肉とバジルのカレー

タイ料理をインド風にアレンジしました。フレッシュなハーブを炒めるのは、贅沢なスパイステクニックです。

| 材料 | 4皿分 |

オリーブ油 …… 大さじ3
● はじめのスパイス
　クミンシード …… 小さじ1
にんにく …… 1片
しょうが …… 1片
玉ねぎ …… 1個
● 基本の3スパイス
　ターメリック …… 小さじ1/2
　カイエンペッパー …… 小さじ1
　コリアンダー …… 小さじ2
オイスターソース …… 小さじ2
湯 …… 100ml
鶏もも肉 …… 400g
赤ピーマン …… 4個
● 仕上げのスパイス
　バジル …… 12〜13枚

| 作り方 |

切る

❶ 玉ねぎを1cm角に切る。にんにく、しょうがをみじん切りにする。赤ピーマンは小さめの乱切りにする。

❷ 鶏もも肉は皮を取り除き、1cm角に切る。

炒める

❸ フライパンにオリーブ油を熱し、はじめのスパイスを加えて色づくまで炒める。

❹ にんにく、しょうがをさっと炒め、玉ねぎを加えて強火で5分ほど炒める。

❺ 基本の3スパイスを混ぜ合わせ、オイスターソースを混ぜ合わせる。 ✓

煮る

❻ 湯を加えて煮立て、鶏肉を加えてふたをして10分ほど煮る。

❼ 赤ピーマンを加えて強火で水分を飛ばすように煮詰める。

❽ 仕上げのスパイスを混ぜ合わせる。

カレーの素

少量の水で炒めるように煮て仕上げるため、玉ねぎの炒めには長い時間をかける必要はない。水分も完全に飛ばさなくていいが、その分、メリハリをきかせて玉ねぎの表面はきっちりと色づいているのが理想。

ラムチョップの煮込みカレー

ナン → P.111

ラムチョップの煮込みカレー

煮込むにつれて味わいが変化するカレーです。マンゴーチャツネを煮込んで、フルーツの威力を満喫しましょう。

| 材 料 | 4皿分 |

- サラダ油 …… 大さじ3
- ● はじめのスパイス
  - カルダモン …… 5粒
  - クローブ …… 5粒
  - シナモン …… 5cm
- 玉ねぎ …… 1個
- にんにく …… 2片
- しょうが …… 2片
- プレーンヨーグルト …… 100g
- ● 基本の3スパイス
  - ターメリック …… 小さじ1/2
  - カイエンペッパー …… 小さじ1/2
  - コリアンダー …… 大さじ1強
- 塩 …… 小さじ1
- 湯 …… 400ml
- ココナッツミルク …… 100ml
- マンゴーチャツネ …… 大さじ1
- ラムチョップ …… 7〜8本
- ● 仕上げのスパイス
  - ししとう …… 5本

| 作り方 |

切る

❶ 玉ねぎ、にんにく、しょうがはみじん切りにする。ししとうは1〜2cm幅に切る。

❷ ラムチョップは、塩、こしょうして、フライパンに脂身から入れて表面全体にしっかりと焼き色をつけ、脂をふきとって取り出しておく。

炒める

❸ フライパンにサラダ油を中火で熱し、はじめのスパイスを炒める。カルダモンがふくらんできたらにんにく、しょうがを加えて炒め、色づいてきたら玉ねぎを加えて強めの中火で色づくまで炒める。

❹ ヨーグルトを加えて水分が飛ぶまで炒める。

❺ 火を弱めて基本の3スパイスと塩を混ぜ合わせ、30秒ほど炒める。 ✓

煮る

❻ 湯を加えて煮立て、ココナッツミルク、マンゴーチャツネを加えて煮立てる。

❼ ②のラムチョップを加えて煮立て、ふたをせずに弱めの中火で30分ほど煮る。

❽ 脂が分離してきたら仕上げのスパイスを混ぜ合わせる。

カレーの素

ヨーグルトベースのカレーの素を作るときのポイントは、ヨーグルトがなるべくだまにならないように気をつけること。そのためにヨーグルトは事前によく混ぜ合わせ、加える前に必ず弱火にするのがおすすめ。

カリフラワーのホワイトカレー

カリフラワーのホワイトカレー

白いカレーなのにカレーの味がちゃんとする。ホワイトカレーを作るのは、そんなに難しくないんですよ。

| 材料 | 4皿分 |

- サラダ油 …… 大さじ2
- ● はじめのスパイス
  - カルダモン …… 3粒
  - クローブ …… 3粒
  - シナモン …… 3cm
- にんにく …… 1片
- しょうが …… 1片
- 玉ねぎ …… 小1個
- プレーンヨーグルト …… 100g
- ● 基本の3スパイス
  - コリアンダー …… 小さじ1
- 塩 …… 小さじ1
- 湯 …… 300ml
- 鶏ひき肉 …… 150g
- カリフラワー …… 1/3房
- ゆで卵 …… 4個
- マンゴーチャツネ …… 大さじ1
- 生クリーム …… 100ml
- ● 仕上げのスパイス（テンパリング）
  - サラダ油 …… 大さじ1
  - クミンシード …… 小さじ1/2
  - 赤唐辛子（種を取る）…… 4本

作り方

切る
1. にんにく、しょうがはみじん切り、玉ねぎは薄くスライスにする。
2. カリフラワーは小房にわける。

炒める
3. 厚手の鍋にサラダ油を中火で熱し、はじめのスパイスを炒める。
4. にんにく、しょうがを加えてさっと炒め、玉ねぎを加えてしんなりするまで炒める。
5. 火を弱め、ヨーグルトを加えて水分が飛ぶまで炒め、基本の3スパイスと塩を加えて炒め合わせる。 ✓

煮る
6. 湯を注いで煮立て、鶏ひき肉とカリフラワー、ゆで卵、マンゴーチャツネを加え、弱火でふたをして5分、ふたをあけて5分ほど煮る。
7. 生クリームを加えて2〜3分煮る。
8. フライパンにサラダ油を熱し、クミンシードと赤唐辛子を炒めて⑦の鍋に油ごとあける（テンパリング）。

カレーの素

色のつくパウダースパイスを減らし、色のつかないホールスパイスで香りを補う。火が通りやすい薄切りにした玉ねぎは中火でこんがりさせずにしんなりするまで炒める。ヨーグルトを加えるときには弱火で。

なすとピーマンのドライカレー

タンドーリチキン → **P.111**

なすとピーマンのドライカレー

野菜のカレーなのにごはんとの相性抜群。ピーマンは使い方次第で、立派な香りのスパイスになるんです。

材料　4皿分

- サラダ油 …… 大さじ3
- ● はじめのスパイス
  - クミンシード …… 小さじ1
- 玉ねぎ …… 1個
- カットトマト …… 200g
- ● 基本の3スパイス
  - ターメリック …… 小さじ1
  - カイエンペッパー …… 小さじ1
  - コリアンダー …… 大さじ1
- 塩 …… 小さじ1
- 白すりごま …… 小さじ2
- 砕きピーナッツ …… 大さじ2
- 湯 …… 200ml
- 砂糖 …… 小さじ2
- じゃがいも …… 1個
- なす …… 6本
- ● 仕上げのスパイス
  - ピーマン …… 2個
  - 香菜（ざく切り）…… 1カップ
- ココナッツファイン …… 大さじ3

作り方

切る

❶ 玉ねぎ、ピーマンはみじん切りにする。

❷ じゃがいもは小さめの乱切り、なすは大きめの乱切りにし、適量の油でさっと炒めておく。

炒める

❸ フライパンにサラダ油を中火で熱し、はじめのスパイスを炒める。

❹ 玉ねぎを加えて中火で7〜8分炒め、カットトマトを加えて水分がきっちり飛ぶまで炒める。

❺ 基本の3スパイスと塩を加えて30秒ほど炒める。

❻ 白ごま、ピーナッツを加えて炒め合わせる。 ✓

煮る

❼ 湯を注いで煮立て、砂糖、じゃがいも、②のなすを加えてふたをして5分ほど煮る。

❽ 仕上げのスパイスを混ぜ合わせ、器に盛ってココナッツファインを散らす。

カレーの素

玉ねぎ、トマトを炒め終わった段階できっちりと水分が飛んでいることを確認すること。そうすれば、スパイスだけでなくこの後に炒める白ごまやピーナッツの香ばしさが立ってきて仕上がりがレベルアップ。

さけとほうれん草のカレー

さけとほうれん草のカレー

さけの風味を活かしたココナッツベースのカレー。基本の3スパイスの量を減らすと、味わいも色もさっぱりします。

材料　4皿分

- オリーブ油 …… 大さじ3
- ● はじめのスパイス
  - クミンシード …… 小さじ1
- にんにく …… 2片
- 玉ねぎ …… 1個
- プレーンヨーグルト …… 100g
- ● 基本の3スパイス
  - ターメリック …… 小さじ1
  - カイエンペッパー …… 小さじ1/2
  - コリアンダー …… 小さじ1
- 塩 …… 小さじ1
- 湯 …… 100ml
- ココナッツミルク …… 200ml
- さけ …… 4切れ
- ほうれん草 …… 1/2束
- ● 仕上げのスパイス
  - しょうが …… 1片

作り方

切る

❶ にんにくはみじん切り、玉ねぎはスライス、しょうがは千切りにする。

❷ ほうれん草はへたを取って下ゆでし、ざるにあげて水気を切っておく。さけはひと口大に切る。

炒める

❸ フライパンにオリーブ油を中火で熱し、はじめのスパイスを加えて色づくまで炒める。

❹ にんにくを加えてさっと炒め、玉ねぎを加えて強めの中火でこんがりするまで5分ほど炒る。 ✓

煮る

❺ 火を弱めてヨーグルトを混ぜ合わせ、水分を飛ばすように炒め、基本の3スパイスと塩を加えて30秒ほど炒める。

❻ 湯を加えて煮立て、ココナッツミルクを加えて弱火で5分ほど煮る。

❼ さけと②のほうれん草を加えて火が通るまで煮る。

❽ 仕上げのスパイスを混ぜ合わせる。

カレーの素

ターメリックの黄色とヨーグルト、ココナッツミルクの白で薄い黄色のカレーに仕上げたい。にんにくや玉ねぎは、こんがりと炒めるが、時間を短めにして香ばしさと明るい色を併せ持つカレーの素に。

スパイスチキンカレー 応用編

スパイスチキンカレー 応用編

あらゆるスパイステクニックを駆使して作るチキンカレー。奥深く重厚な風味が特徴です。これができれば、スパイスマスター。

材料　4皿分

- サラダ油 …… 大さじ3
- ● はじめのスパイス
  - カルダモン …… 4粒
  - クローブ …… 4粒
  - シナモン …… 4cm
- 玉ねぎ …… 1個
- 香菜の根 …… 1本分
- にんにく …… 小さじ2
- しょうが …… 小さじ2
- セロリ …… 茎3cm
- カットトマト …… 100g
- プレーンヨーグルト …… 大さじ3
- ● 基本の3スパイス
  - ターメリック …… 小さじ1/2
  - カイエンペッパー …… 小さじ1/2
  - コリアンダー …… 大さじ1
- 塩 …… 小さじ1
- 湯 …… 400ml
- 鶏ぶつ切り肉（骨付き）…… 500g
- はちみつ …… 小さじ2
- ココナッツミルク …… 100ml
- 香菜の茎と葉 …… 1本分
- ● 仕上げのスパイス（テンパリング）
  - サラダ油 …… 大さじ1
  - クミンシード …… 小さじ1/2
  - 青唐辛子 …… 2本
  - カイエンペッパー …… 小さじ1/2

Step 1　材料を切る

玉ねぎは粗みじん切り、香菜の根はみじん切りにする。
セロリはすりおろす。
にんにく、しょうがは100mlの水（分量外）に溶いておく。
香菜の茎と葉はざく切りにする。

Step 2　炒める

フライパンにサラダ油とはじめのスパイス（カルダモン・クローブ・シナモン）を加えて中火で熱し、カルダモンがぷくっとふくらんできたら、香菜の根を加えてさっと炒める。

玉ねぎを加えて強めの中火で7分ほど炒める。
中火にしてさらに3分ほど炒める。

こんがりと色づくのが目安。

Step 2 炒める

にんにく&しょうがジュースを加える。

すりおろしたセロリを加える。
水分が完全に飛ぶまで炒める。

トマトを加えて水分が飛ぶまで炒め、
火を弱めてヨーグルトを混ぜ合わせる。

基本の3スパイス
（ターメリック・カイエンペッパー・コリアンダー）と
塩を順に加え、30秒ほど炒める。

カレーの素

火加減に注意しながら玉ねぎをきっちりと炒める。香菜の根やセロリはカレーの素に深みのある香りを与えてくれる。ヨーグルトを加える前にトマトの水分をできるだけ飛ばしておくようにするといい。

Step 3 煮る

湯を加えて煮立て、はちみつを加える。

鶏肉を加えて、中火でふたをあけたまま、表面がぽこぽこした状態を保ちながら20分ほど煮る。

ココナッツミルクを加えて、10分ほど煮る。

香菜の茎と葉を混ぜ合わせる。

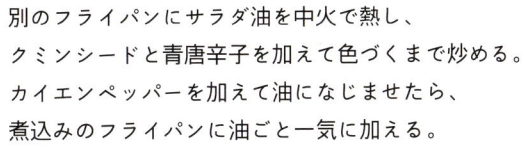

別のフライパンにサラダ油を中火で熱し、クミンシードと青唐辛子を加えて色づくまで炒める。カイエンペッパーを加えて油になじませたら、煮込みのフライパンに油ごと一気に加える。

完成

全体をよく混ぜ合わせる。

スパイスのルールを
追い求めた日々のこと

　スパイスを使って様々な味のカレーを作れるようになると、カレー作りの楽しみは倍増した。食べたいカレーに合わせてスパイスを選べるようになるわけだから、まるで三ツ星レストランのソムリエきどりである。
　でも、ひとつ不安なことがあった。僕のスパイスの使い方は果たして正しいのだろうか？
　師匠がいるわけでも誰かに教えてもらうわけでもなく独学でスパイスと向き合ってきた僕にとって、自分のたどりついた結論が正解かどうかを確かめる方法は、インド料理店へ足を運ぶことだった。

　1年以上に渡って、平日の月曜から金曜まで毎日ランチタイムに通い続けたインド料理店がある。年に50週あるとして、単純計算で年間250日は通ったことになる。そこでは、必ず日替わりのメニューが2品登場する。僕はいつもその2種類を食べ、シェフの手が空いた頃合いを見計らってすかさず調理場へ向かった。手にはメモ用紙とボールペン。シェフにレシピを教えてもらおうという魂胆だ。
　とはいえ、いきなり調理場へ顔を出して「今日食べたカレーのレシピを教えてください」とお願いできるほど僕は図々しくはなかったし、シェフだって、見ず知らずの人間にホイホイとレシピを教えてくれたりはしない。だから、毎日通い始めて1ヶ月ほど経った頃、恐る恐る問いかけてみた。「今日食べたカレーに使ってるスパイスを教えてもらえませんか？」。すでにすっかり顔見知りとなっていたシェフは、気が抜けるほど気さくに「いいよ」と言って、毎日その日の日替わりカレーに使った6〜7種類のスパイスを教えてくれた。何度聞いても彼の口から告げられるスパイスの種類が10種類を超えることはなかった。

　僕は"おいしいスパイスカレーを作るのに10種類以上のスパイスは必要ない"という持論に自信を持った。それどころか、彼の使うスパイスの組み合わせといったら、恐ろしく単純だった。なのに毎日繰り出されるカレーは、まるで違った味わい。なぜなんだ!? 僕はカレー作りがスパイスの選択やその配合だけでは到底語り尽くせないということを実感した。
　もっと知りたい、と欲が増す。3ヶ月が過ぎた頃、僕は質問の内容を少しだけ変えた。「もしよかったら、スパイス以外の材料も教えてくれない？」。ちょっとだけ口調もなれなれしくなってきた。鍋に入れている材料を

あますところなく教えてくれるようになると、個別のカレーの味を特徴づけているアイテムが、ちらほらと顔を覗かせ始めた。なるほど、と僕はひざを打った。カレーにおけるスパイスがあくまでも脇役であることを知ったのだ。

仕上がりの味わいをどうイメージするか、そこに向けて食材をどう選ぶか、そして、それを引き立てるためのスパイス使いはどうなのか。その全体が整ってはじめてカレーはおいしくなるのだ。食べては聞き、聞いては食べるの繰り返しは、独学で試行錯誤を続けてきた僕にとっては贅沢すぎる訓練となった。

半年が過ぎたとき、ついに僕は、いちばん聞きたかったことを切りだす。「せっかくだからさ、鍋に投入している順に教えてよ」。自分でもびっくりするような猫なで声である。かねてから僕は、スパイスを使って作るカレーには一定のルールがあるという仮説を持っていたのだ。どのカレーを作るときもスパイスや食材を加える基本的なタイミングは同じなんじゃないか、と。実際、僕はそうやっていた。だから、僕の設計図と彼の設計図を照らし合わせてみたかったのだ。

「ファースト、オイルでしょ？」と僕が問いかけると、彼がそれに続けて「クミンシード、オニオン、G&G（ジンジャー、ガーリック）……」と猛烈なスピードでしゃべったが、半年も口述筆記を続けてきた僕は、すべてのアイテムを苦もなくメモすることができた。結果、彼の設計図が自分のそれとまったく同じだということを確認したのだ！

ほらほらほら、ほらね。やっぱりスパイスカレーにはルールがあるんだよ。僕は有頂天になった。もちろんちょっとした例外もあったが、ルールを見つけたおかげで例外の手法がそれでなければならない理由も理解できた。1年に及ぶスパイス問答のおかげで、僕のスパイスカレー設計図は揺るぎないものとなった。

スパイスのルールがわかってはじめて、スパイスからカレーができる仕組みを本当に理解することができたような気がする。長く降り続いた雨がやみ、雲の切れ間から射すような陽の光が降り注ぐ。そんな晴れやかな気分だ。喜びが入道雲のようにモコモコとわき起こり、ついにスパイスは僕の大切なパートナーになった。

P.119に **つづく**

スパイス香るサイドメニュー

カレーのためにスパイスを揃えたのはいいけれど、
カレーのほかに使い道はありませんか？ よく聞かれる質問です。
そこでメインのカレーと食べ合わせられる、スパイス料理をいくつか紹介します。
すべて本書に登場するスパイスだけで作れるレシピです。

ラッシー（P.24）

インドでおなじみの飲むヨーグルト。クミンをほんのりきかせるとおいしい。

材料 2人分
- プレーンヨーグルト …… 100g
- 牛乳 …… 200ml
- はちみつ …… 大さじ1
- クミンパウダー …… 小さじ1/4

作り方
ボウルにすべての材料を加えて泡立て器でよく混ぜ合わせる。

イエローライス（P.24）

クミンを炒めたら、炊飯ジャーで炊くだけ。鮮やかな黄色が食欲をそそる。

材料 4人分
- サラダ油 …… 小さじ2
- クミンシード …… 小さじ1/2
- 米 …… 3合
- ターメリック …… 小さじ1/2

作り方
❶ フライパンにサラダ油を中火で熱し、クミンシードを加えてさっと炒める。
❷ 炊飯ジャーに①と米、ターメリック、適量の水を加えて炊く。

なすのアチャール（P.36）

辛くて酸っぱいオイル漬けです。我が家ではパーティのときなどに大活躍。

材料 4人分
- サラダ油 …… 大さじ4
- クミンシード …… 小さじ1/2
- パウダースパイス
  - ターメリック …… 小さじ1
  - カイエンペッパー …… 小さじ2
  - コリアンダー …… 小さじ1
- 塩 …… 小さじ1
- なす（5mm幅の角切り）…… 小2本
- 酢 …… 大さじ2

作り方
❶ フライパンにサラダ油を熱し、クミンシードを炒め、火を弱めてパウダースパイスと塩を加える。
❷ なすを加えてさっと炒め、酢を加えて水分が飛び、油が浮いてくるまで炒める。

かぼちゃのサブジ（P.30）

スパイスの香りでかぼちゃの甘みが引き立つ。かぼちゃは蒸しても煮てもOK。

材料 4人分
- かぼちゃ …… 1/4個
- サラダ油 …… 大さじ1
- クミンシード …… 小さじ1/2
- 香菜（みじん切り）…… 適量
- パウダースパイス
  - ターメリック …… 小さじ1/4
  - カイエンペッパー …… 小さじ1/4
  - コリアンダー …… 小さじ1/2
- 塩 …… 少々

作り方
❶ かぼちゃは火が通るまで蒸しておく。
❷ フライパンにサラダ油を熱し、クミンシードを加えて香りづくまで炒める。
❸ 香菜とパウダースパイス、塩を加えて炒め、①のかぼちゃを加えてさっと混ぜ合わせる。

自家製カッテージチーズ (P.38)

インドで"パニール"と呼ばれているチーズ。作り方はとっても簡単。

材料　4人分
牛乳 …… 2000ml
クミンシード …… 小さじ1/2
レモン汁 …… 2個分

作り方
❶ 鍋に牛乳とクミンシードを中火で熱し、沸とうしてきたらふきこぼれる直前に火から離す。
❷ 再び加熱し、沸とうしてきたら火から離す。これを3回ほど繰り返す。
❸ 続いて沸とうしてきたら火を止めてレモン汁を加える。ゆっくりとかき混ぜて凝固してきたチーズをすくってふきんに取る。
❹ ふきんをしぼって水分を出す。

えびのスパイス炒め (P.40)

揚げてからスパイスと炒めるのがコツ。ビールのつまみにもぴったり。

材料　2人分
ブラックタイガー
（殻をむいて背ワタを取る）…… 6尾
小麦粉 …… 適量
サラダ油 …… 小さじ2
クミンシード …… 小さじ1/2
コリアンダー …… 小さじ1/2
香菜（みじん切り）…… 大さじ3
カットトマト …… 大さじ2
塩 …… 少々

作り方
❶ えびは小麦粉をまぶして、180度の油（分量外）でさっと揚げておく。
❷ フライパンにサラダ油を熱し、クミンシードを加えて泡立つまで炒める。
❸ コリアンダー、香菜を加えてさっと炒め、トマトと塩を加えてなじませる。
❹ ①のえびを加えてソースとからめるように炒める。

玉ねぎのアチャール (P.52)

インド料理でよく出てくる付け合わせ。混ぜるだけでカレーとの相性抜群。

材料　4人分
玉ねぎ（4等分にしてスライス）
　…… 1/2個
カイエンペッパー
　…… 小さじ1/2
塩 …… 小さじ1/2
レモン汁 …… 1/2個
香菜（みじん切り）…… 1束
にんにく（すりおろし）…… 少々

作り方
ボウルにすべての材料を混ぜ合わせる。

オクラとトマトのスパイス炒め (P.56)

夏に作るとおいしい万能のスパイス炒めレシピ。他の野菜でも応用可能。

材料　2人分
サラダ油 …… 小さじ2
クミンシード …… 小さじ1/2
パウダースパイス
　┌ ターメリック …… 少々
　└ カイエンペッパー …… 少々
塩 …… 少々
オクラ（へたを取る）…… 5本
ミニトマト …… 5個

作り方
❶ フライパンにサラダ油を中火で熱し、クミンシードを炒める。
❷ パウダースパイスと塩、オクラ、ミニトマトを加えて炒め合わせる。

スパイシーエッグ (P.60)

カレーのおともとしておなじみのゆで卵。こんがりと色をつけてインド風に。

材料 4人分
サラダ油……大さじ1
ターメリック……小さじ1/2
カイエンペッパー
　……小さじ1/4
塩……ふたつまみ
ゆで卵……4個

作り方
❶ フライパンにサラダ油を中火で熱し、ターメリック、カイエンペッパー、塩を加える。
❷ すぐにゆで卵を加えて表面全体がこんがりと色づくまで炒める。

チャパティ (P.68)

インドでは毎日のように食べられているパン。素朴な味わいがグッド。

材料 4人分
小麦粉（全粒粉）……2カップ
サラダ油……大さじ1
水……150ml

作り方
❶ ボウルに小麦粉とサラダ油を入れ、水を少しずつ加えながら耳たぶほどの硬さになるまでよくこねる。
❷ ラップに包んで30分ほど寝かせる。
❸ 8〜10等分にわけて丸め、麺棒で薄くのばす。
❹ フライパンで両面を焼き、仕上げに直火に落としてふくらませる。

キュウリとトマトのサラダ (P.82)

インドで"ライタ"と呼ばれているサラダ。カレーに混ぜて食べるのもおすすめ。

材料 4人分
プレーンヨーグルト……50g
塩……少々
パウダースパイス
　クミン……ふたつまみ
　カイエンペッパー……ふたつまみ
キュウリ（塩ずりして細かく切る）
　……1本
トマト（細かく切る）……1/2個

作り方
ボウルにすべての材料を加えて混ぜ合わせる。

しいたけのスパイス焼き (P.84)

タンドーリチキンのしいたけ版。ヨーグルトでマリネすると野菜もイケる。

材料 2人分
しいたけ……5枚
マリネ
　プレーンヨーグルト……50g
　カイエンペッパー
　　……小さじ1/2
　コリアンダー……小さじ1/2
　塩……小さじ1/4
　ケチャップ……小さじ1
　酢……少々

作り方
❶ ボウルにマリネ用材料をすべて加えて混ぜ合わせ、しいたけに塗り込んで2時間ほど置く。
❷ 200度に熱したオーブンで5分ほど焼く。

キャベツのココナッツ風味炒め (P.88)

南インドで"ポリエル"や"トーレン"と呼ばれているスパイス炒めをアレンジ。

材料 4人分
サラダ油……大さじ1
クミンシード……小さじ1/4
ココナッツファイン……大さじ1
キャベツ（ざく切り）……1/4個
塩……少々

作り方
❶ フライパンにサラダ油を熱し、クミンシードを炒める
❷ ココナッツファインを加えてほんのり色づくまで炒める。
❸ キャベツと塩を加え、ふたをして弱火で炒める。
❹ キャベツがしんなりしたら、ふたをあけて強火で水分を飛ばす。

じゃがいもの スパイス炒め (P.90)

お腹にたまるほくほくのじゃがいもで、カレーに食べごたえをプラス。

|材料| 2人分

サラダ油 …… 大さじ 2
ターメリック …… 小さじ 1/2
塩 …… ふたつまみ
黒ごま …… 小さじ 1
じゃがいも (小さめの乱切り) …… 1 個
香菜 (みじん切り) …… 1/2 カップ

|作り方|

❶ フライパンにサラダ油を中火で熱し、ターメリックと塩、黒ごまを混ぜ合わせる。
❷ ゆでたじゃがいもを加えて炒め合わせ、香菜を加えて混ぜ合わせる。

スパイシー スクランブルエッグ (P.92)

スパイスを使って炒り卵をする、それだけ。簡単でおいしい。

|材料| 2人分

サラダ油 …… 大さじ 2
クミンシード …… 小さじ 1/2
香菜 (みじん切り) …… 1/2 カップ
塩 …… 少々
卵 …… 2 個

|作り方|

❶ フライパンにサラダ油を熱し、クミンシードを加えて炒める。
❷ 香りが立ってきたら香菜と塩を加えてさっと炒め、溶き卵を加えて火を通す。

ナン (P.94)

大人気のナン。オーブンがなければ熱く熱したフライパンで焼いてもよい。

|材料| 4人分

材料 A
  卵 …… 2 個
  プレーンヨーグルト …… 大さじ 2
  牛乳 …… 150ml
材料 B
  強力粉 …… 500g
  塩 …… 小さじ 1
  砂糖 …… 小さじ 1
  ベーキングパウダー …… 小さじ 2
水 …… 約 120 ～ 150ml
サラダ油 …… 大さじ 1

|作り方|

❶ ボウルに材料 A を入れて混ぜ、材料 B を加えて混ぜ合わせる。
❷ 水をちょっとずつ足しながらまとめていく。
❸ サラダ油を足して混ぜ合わせ、耳たぶほどのやわらかさになるまでこねる。
❹ ラップして 2 時間寝かし、6 等分して丸めてさらに 30 分寝かす。
❺ 麺棒などでのばし、250 度のオーブンで 5 ～ 6 分焼く。

タンドーリチキン (P.98)

パーティに持参したら大人気間違いなし。粉チーズを入れるのがポイント。

|材料| 4人分

鶏もも肉 (骨付き) …… 4 本
マリネ
  プレーンヨーグルト …… 100g
  にんにく (すりおろし) …… 小さじ 1
  しょうが (すりおろし) …… 小さじ 1
  トマトケチャップ …… 大さじ 2
  粉チーズ …… 大さじ 1
  ターメリック …… 小さじ 1/4
  カイエンペッパー …… 小さじ 1
  コリアンダー …… 小さじ 2
  サラダ油 …… 大さじ 1
  塩 …… 小さじ 1

|作り方|

❶ 鶏肉の皮を取り、関節部分で半分に切っておく。
❷ ボウルにマリネの材料をよく混ぜ、①の鶏肉を漬け込んで 2 時間ほど (できればひと晩) おく。
❸ 250 度のオーブンで 20 分ほど焼く。

スパイスカレー Q&A

スパイスカレーを作っていると、
ふとした疑問がちょこちょこと
出てくることでしょう。
実は、それこそがスパイスカレーを
飛躍的に進歩させるチャンスなんです。
よくある質問に対する、
僕なりの回答をまとめてみました。

Q1
フライパン以外で
鍋を使う場合、
どんなものがいいですか？

A 「深めのフライパン」とか「鍋にも使えるフライパン」とかいう商品が最近は出回っているようで、おすすめです。「WOK」と言われているフライパンもいいです。鍋を使う場合、アルミやステンレスよりもフッ素樹脂加工のものが、油の量が少なくても焦げつきにくいです。両手鍋より片手鍋の方が炒める工程で鍋を振りやすいので、玉ねぎや食材にまんべんなく火が入ります。

Q2
使う道具で、よく「厚めの鍋」がいいと聞きますが、なぜ厚い方がいいのでしょうか？

A 熱伝導率が高いからです。薄い鍋だと焦げやすいというデメリットもあります。

Q3
スパイスはどこに売っていますか？

A スーパーでもかなりの種類のスパイスが売っています。デパートの地下の食品売り場などへ行けば、さらに手に入りやすいです。手軽に揃えられるのは、インターネット通販。僕が普段利用しているサイトは「スピンフーズ」。スパイスの鮮度は間違いなし、です。

☞ http://www.spinfoods.net/

Q4
スパイスは開封後どれくらいで使い切るのがいいですか？

A たいていの場合、賞味期限は、1年〜1年半程度と表示されていますが、コーヒーの豆などと同じで、香りは時間が立てば立つほど劣化していきますので、なるべく早めに使い切った方がいいです。購入してから1年以上経っていたら買い直すのをおすすめしますが、ホールスパイスでもパウダースパイスでも、使用する前にフライパンで空煎りするとだいぶ香りは戻ります。

Q5
スパイスに善し悪しはありますか？

A あります。スパイスの質の差は大きいです。大手メーカーのものであれば質がいい、とも限りません。ホールスパイスなら瓶の外側からの見た目で色や形が立派なものを選んでください。その他は、購入して使ってみて香りや辛味を確かめるしかありません。

Q6
特に好きなスパイスを多めに入れたくなります。ダメですか？

A いいと思います。バランスを損なわない程度であれば、あとは、好みに応じて量を加減して構いません。日本のカレー好きにウケるのは、カルダモンとクローブの香りです。この2種類を増量すると人気のカレー専門店の味に近づけるかもしれません。僕が好きなスパイスは、コリアンダーとカイエンペッパー（辛味というより香り）ですので、これらはどうしても多めに入れてしまいたくなります。

Q7
基本の3スパイス以外にパウダースパイスを追加したいのですが、おすすめはありますか？そのとき注意する点はありますか？

A ターメリック、カイエンペッパー、コリアンダーに追加するべきスパイスの筆頭は、クミンです（パウダーでもシードでも）。その他は、本書に登場するスパイスがおすすめです。本書に登場しないスパイスで有名なもののひとつにガラムマサラがあります。こちらも好みで使用してもいいかもしれません。

　僕は個人的にカレーにガラムマサラを使うのがあまり好きではありません。個別のスパイスの持ち味を活かしたいので、ガラムマサラやカレー粉のような複数のスパイスがブレンドされているものを使用すると、風味がぼやけてしまうのと、作る楽しみが半減してしまうからです。これはあくまでも私見です。

Q8
計量スプーンがなくてもスパイスの分量は計れますか？

A スパイスを正確に計量する習慣をつけた方が、量と味わいの関係を理解するいい訓練になります。計量スプーンがない場合は、テーブルスプーンやティースプーンで代用できます。参考までに大さじですり切り1杯をテーブルスプーンに、小さじですり切り1杯をティースプーンに盛りかえてみました。この程度の分量を目安にしてみてください。

Q9
スパイスはどんなふうに保存していますか？

A しっかり密閉できる容器で冷暗所に保存するのが基本です。市販のスパイスは密閉できる瓶入りタイプがほとんどです。ただ瓶の口が狭く、計量スプーンが入らないため、特にパウダースパイスの場合は正確な分量を計量しにくいのが難点です。僕は普段、口が広くて透明の容器に移し替えて使用しています。スタッキングもできて便利です。

Q10
油はサラダ油でいいですか？バターは使いませんか？

A サラダ油でかまいません。バターを使ってもいいと思います。インドでは精製したバター（ギー）もよく使われています。ゴマ油、ココナッツ油、マスタード油、ピーナッツ油など、風味豊かな植物性の油も使われていますので、慣れてきたら好みに応じて油の種類を変えてみると、また違った味わいのカレーを楽しめると思います。

Q11
油が気になるので控えめにしたいのですが……。

A 本書のサラダ油の量は、4人前に対して大さじ3杯を基本にしています。あっさりさせたい場合は、大さじ2杯にしてみましょう。ただ、そのときにはフッ素樹脂加工のフライパンか鍋を使うことをおすすめします。アルミやステンレスの鍋の場合、油の量を減らすと玉ねぎが焦げやすくなります。また、油が気にならない方は、少し多めに使うと食べ応えや旨味が増します。

Q12
しょうがをすりおろすとき、皮はむいた方がいいですか？

A むいた方がいいです。とてもいい方法があります。左手にしょうが、右手にスプーンを持ち、スプーンの先で皮をけずってみてください。包丁を使うよりも薄く、きれいにしょうがの皮がむけます。

Q13
にんにく、しょうがの「みじん切り」と「すりおろし」はどう使いわけたらいいですか？

A さっぱりとした味わいで香りをピリリと効かせたい場合は、みじん切り。風味を炒め玉ねぎのベースになじませて濃厚な味わいにしたいときには、すりおろし、と覚えてください。スパイスカレー上級者になれば、仕上がりのカレーの色、食感、風味などを計算してみじん切りとすりおろしを使いわけられるようになります。

Q14
玉ねぎが焦げてしまいました。作り直した方がいいですか？

A 完全に黒く焦げてしまって、焦げ臭さがするようだったら作り直してください。ただ、ところどころ黒っぽいところが残っていて、一見、焦げているように見えても、実は香ばしく炒まっている場合もあります。焦げ臭さがなかったり、見た目で「大丈夫かも」と思ったら、そのまま進めてみてください。少量の水を加えて鍋の中の温度を下げる方法も有効です。

Q15
玉ねぎ炒めのコツを教えてください。

A 強めの中火でしっかり加熱し、水分を飛ばしていく方法をおすすめしています。炒め始めは木べらをあまり動かさず、焼きつけるような感覚で。後半になるにつれ徐々に忙しくフライパンの中を混ぜ合わせる。「こんがりと色づいた状態なのか、焦げてしまったのか」の見極めは、色よりも香りや味で判断してください。

2分後 / 4分後 / 6分後 / 8分後 / 10分後 完成！ / 12分後 こうなると失敗

Q16
トマトの使いわけについて教えてください。

A 市販のトマトは様々。国産のトマトだけでなく、ホールトマトやカットトマトの缶詰めにはイタリア産のトマトを使用している場合も多く、味わいが違います。また形状や水分含有量も違います。用途に合わせてトマトを選びましょう。

❶ **トマト** …… 夏の時期はおいしいですが、旬を過ぎると味わいが落ちます。味見をしてから使う量を調整するのがおすすめです。
❷ **ホールトマト** …… 適度に果汁も含まれていて、カレー作りには適しています。トマトをつぶしながら炒めるのがポイントです。
❸ **カットトマト** …… ホールトマトを細かくカットした状態のものです。味が安定していて使い勝手がいいため本書で使用しています。
❹ **トマトピューレ** …… トマトを煮詰めて濃縮したタイプが多いです。原材料に塩の入ったものもありますが、トマト100％のものがおすすめです。
❺ **トマトケチャップ** …… トマトの他に砂糖類、酢、食塩、野菜などが入った商品です。濃厚な味つけをしたいときにときどき使います。

Q17

缶詰のトマトではなく、
生のトマトを使ってもいですか？

A 本書では、旬のおいしいトマトが1年を通じて手に入りにくいことを考慮して、常に味わいが安定している缶詰で作るレシピを使用しています。ただ、日本の夏場の生のトマトがおいしい時期なら、缶詰を使うよりも確実においしいカレーができます。その場合、カットトマトやホールトマトを使ったときよりも木べらでよくトマトをつぶしながら水分を飛ばすことを意識して炒めた方がうまくいきます。

Q18

塩を入れるタイミングは、
なぜ煮込む前なのですか？

A 塩を入れるタイミングは、基本の3スパイスを加えるのと同時をおすすめします。このタイミングで加えるとスパイスの香りや辛味が立ちやすいからです。スパイスに限らず、本来、鍋に加えるすべての食材は、少量の塩とともに加えることでその味わいが引き立ちます。ですから、最も理想的なのは、玉ねぎ、トマト、肉……、と新しい食材を追加するたびにほんの少しずつの塩を一緒に加えていくやり方ですが、これはとても難しいと思います。いずれにしてもスパイスとともに加える塩の量は少し控えめにして、最後に味を調整する余地を残しておきましょう。塩は入れすぎたら取り返しがつきませんから。

Q19

鶏肉の皮はついたままでいいですか？
塩、こしょうはしなくて大丈夫ですか？

A インドでは、鶏肉の皮をはいで捨てるパターンが多いのですが、われわれ日本人は鶏肉の皮の味が好きな人が多いので、ついたままで構いません。また、インド料理では、肉の下味をつけない場合が多いですが、つけた方がおいしくなると思います。余裕があれば、塩、こしょうを振ってください。

Q20

できあがったカレーの保存方法は？
冷蔵？ 冷凍？

A 密閉できる容器に入れ、冷蔵なら1週間以内に食べ切るのがいいと思います。冷凍の場合、じゃがいもなど冷凍に適さない食材が入っているケースを除けば、3ヶ月ほど保存させてもおいしく食べた経験があります。解凍するときは、自然解凍し、鍋に移してから加熱してください。水分が飛んで煮詰まる可能性が高いので、好みで少し水や湯を加えながら温めるのがいいと思います。冷蔵や冷凍保存したカレーは、できたてに比べるとスパイスの香りが弱まる分、まろやかで食べやすい味わいに変化していると思います。

Q21
カレーの素を作るとき、
水分は飛ばせるだけ
飛ばした方がいいですか？
それとも、少し水分が
残っているくらいがいいですか？

A 作るカレーの種類にもよりますが、基本的には水分を飛ばした方がいいです。スパイスカレーを作る上で最も重要なコツは、加熱と脱水です。炒める段階でも煮る段階でも水分を飛ばしていくイメージを常に持っているとカレーはおいしくなります。すべてのレシピに掲載している"カレーの素"の写真を参考にしながら炒めてみてください。

Q22
辛いのが苦手です。
どうしたらいいですか？

A 本書で使用しているスパイスのうち、唯一、辛味の強いスパイスがカイエンペッパーパウダーです。レシピでは、全般的にカイエンペッパーの量を多めにしています。僕の好みに合うのと、香り豊かになるからですが、苦手な方は、カイエンペッパーの使用量を減らしてください。

Q23
ごはんは硬く炊いた方が
いいですか？

A カレーだから硬い方がいいわけではないと僕は思います。インドで食べられているインディカ米はパラッと炊きあがりますが、日本米はもっちりしているのが特徴です。普通に白いごはんで食べておいしい炊き方がカレーにも合うはずです。

Q24
スパイスカレーはひと晩寝かせると
おいしくなりますか？

A カレーを寝かせるとスパイスの香りは飛んでしまいますが、その分、味がなじんでコクが増したような印象になります。どちらを取るかは好みによりますので、一度食べ比べてみてください。

Q25
カレーの素には
どんなものがありますか？

A カレーの素のバリエーションは無数にあります。素材の切り方、スパイスの選び方、火の入れ方などによって、様々な顔を見せてくれます。本書に登場したカレーの素をまとめてみました。次ページの一覧表をご覧ください！

カレーの素　全レシピ一覧

スパイスチキンカレー 基本編 P.12	ダブルキーマカレー P.24	カリフラワーとじゃがいものカレー P.28	豚肉の煮込みカレー P.30
カジキマグロのクリーミーカレー P.32	洋食屋のビーフカレー P.34	カシューナッツチキンカレー P.36	きのこたっぷりカレー P.38
夏野菜のえびだしカレー P.40	ダブルスープカレー P.48	ドライビーフカレー P.52	バターチキンカレー P.54
玉ねぎづくしのチキンカレー P.56	すっきり野菜カレー P.58	ほうれん草と鶏肉のカレー P.60	ヨーグルト風味のポークカレー P.62
グリーンチキンコルマ P.64	ミックスベジタブルカレー P.66	ミックスベジタブルマサラ P.68	シーフードグリーンカレー P.70
ローズマリーチキンカレー P.78	焼きなすのカレー P.82	ひよこ豆のカレー P.84	真だらの香味カレー P.86
フライドチキンカレー P.88	しょうが風味のえびカレー P.90	鶏肉とバジルのカレー P.92	ラムチョップの煮込みカレー P.94
カリフラワーのホワイトカレー P.96	なすとピーマンのドライカレー P.98	さけとほうれん草のカレー P.100	スパイスチキンカレー 応用編 P.102

スパイスのセンスに
憧れ続ける今のこと

　スパイスの正体がわかり、バランスを覚え、ルールを知った。スパイスでカレーの設計図がスラスラと描けるようになったからといって、それでスパイスをめぐる冒険が終わるわけではない。むしろ、お楽しみはこれからだ。スタート地点に立った僕が、はるか彼方に見据えているゴールは、"まるでインド人のように料理をする自分の姿"である。

　優れたインド人シェフの料理には、常に一定のリズムがある。テンポもいい。鼻歌を歌うような感じでチャッチャッと手を動かせば、鍋の中はみるみるうちに様変わりしていく。できあがったカレーからは竜巻のように香りが立ち上る。なんでこんな味に仕上がるの!? と煙に巻かれたようなイリュージョンクッキング。

　ま、今の僕には到底無理だ。なにしろスパイスとの付き合いが浅すぎる。あっちは離乳食からスパイスを食べて育っているのだ。みそ汁を作るような感覚でカレーを作ろうと思ったら、どうしても僕が日本人であるという素性が邪魔をする。そう、ひと言で言えば、僕はインド人になりたいのだ。

　料理をするときだけでいい。都合よくインド人になることはできないだろうか。おまじないかなんかを唱えるとインド人シェフの霊が乗り移る。ウルトラマンのように3分間

MAN
MAN

SHOBIT

ANAND PATTERN
STATE MARKETING FEDERATION
DISTRICT LEVEL UNION
VILLAGE CO-OP.SOCIETY

だけインド人シェフに変身できる。インド人になれるコピーロボットでもいい。ダメだ、どれも無理に決まってる。

　インドを旅していたとき、車のクラクションがひっきりなしに鳴り響くストリートで妄想したことがある。このまま道の真中に飛び出して、車にひかれてみようか。出血多量で僕は病院へ行くことになる。すぐ輸血をしなければ助からない。僕の血液型はＢ型だ。医者が叫ぶ。「誰か、輸血に協力してくれるＢ型の人間はいないか！」。幸い、インドは、国民の80％がＢ型だと聞いている（これについては、後に根も葉もない嘘だということが判明したが）。僕の体にチューブがつながれ、インド人の血がとくとくと注がれていく。そう、ついに僕の体にはインドの血が流れるのだ。退院後、僕は真っ先にキッチンへ。そこで作るカレーの味は……、想像に難くない。いやぁ、このアイデアも無理だ。僕のインド人化計画はどれもこれもまったく現実味がないのである。これじゃあ、スパイスコンプレックスは強まるばかりだ。

　僕は、もう少し、まともに頭をひねることにした。ない知恵をしぼって真剣に考えた結果、たどりついた答えは、情けないが他力本願である。インドの血を持った仲間たちと一緒に料理に取り組めばいいではないか。この名案を実現させるために声をかけるべき顔ぶれはすぐに頭に浮かんだ。

　1人目は、野口"シャンカール"慎一郎。インドアメリカン貿易の3代目。パンジャーブ州出身のインド人祖父が始めたスパイス貿易の仕事を継ぐ貿易商だ。2人目は、ナイル善己。日本一歴史のあるインド料理店「ナイルレストラン」の3代目。ケーララ州出身でインド独立運動の革命家だった祖父が立ち上げた店に立つ。3人目は、メタ・バラッツ。「カレーブック」などの商品で知られるアナン・コーポレーションの3代目。父親はグジャラート州出身のインド人である。

　インド各地の血をひき、日本で生まれ育った3人が集まれば、静岡県浜松市出身の平凡な日本人の僕にとっては、百人力である。しかも彼らはただインド人と日本人のハーフ、クォーターというだけでなく、全員が日本のインド料理界に身を置くサラブレッドたちなのだ。「水野！頭が高い！控えい、控えい！」。僕はそう自分に言い聞かせながら低姿勢になって1人ずつ声をかけ、"東京スパイス番長"という4人組を結成した。

役者は揃った。僕たちは、毎月のように集まって、テーマを決めてスパイス料理を作り始めた。これは刺激的な体験だった。彼らのスパイス使いはそれぞれに個性的で、できあがった料理は目隠しして食べても誰が作ったのかすぐわかるほど主張のある顔つきをしていた。それに比べて僕の料理と言ったら……。これといった特徴がなく凡庸で、それなりにおいしいが、何というか教科書的。頭はいいけどしゃべったらつまらない優等生みたいな味だった。

　みんなと話していて、驚いたことがある。それは、おふくろの味というべき決まったカレーがないことだった。たいていの日本人には、おふくろのカレーがある。ひと口食べれば、「ああ、これだよ、これ！」と声を上げたくなるようなカレー。市販のルウを使って作る"いつもの味"の思い出が彼らにはない。理由は簡単だった。彼らが自宅で食べていたカレーは、季節や天候、家族の体調に合わせてスパイスの使い方が違っていた。いつ食べても少しずつ味わいが異なるインド料理だったからだ。

　「ルウって、使ったことないんだよね」とシャンカールが言った。「学校の給食のカレーは、家の味とはまるで別物だったなぁ」とナイルが言う。「おふくろのカレー、ですか!?」。バラッツには、まるでレストランのメ

ニューのように決まりきった味が存在すること自体が理解に苦しむもののようだった。彼らにおふくろの味がないわけではない。スパイスを使って目まぐるしく風味を変幻させていく数々の料理すべてがおふくろの味なのだ。そこにはちょっとした味わいのクセみたいなものがあって、そのカケラが集まって彼らのスパイスセンスを形成しているのだろう。そう、まさに彼らはみそ汁を作るようにカレーを作れる人種だったのである。

　僕は興奮した。憧れのスパイスセンスが目の前に転がっているのだ。あとは僕が吸血鬼になって、彼らの血を吸い、僕の体に……。いや、大切な仲間を傷つけてはいけない。彼らから自分にないものをいっぱい勉強して吸収するのだ。スパイスのブレンド、風味の丸め方、食材の引き立て方、火の入れ方。言葉では説明できないような様々なセンス。

　月に1度の料理セッションも1年が過ぎようとした頃、僕はある大胆な提案をした。「これさ、インドに行ってやってみない？」「あ、それいいねぇ！」。間髪入れず、シャンカールが賛同した。「どうせなら、おじいちゃんの実家があったケーララ州に行きたいなぁ」とナイルが続く。「インド行くんですか？　いいですよ」。バラッツが静かに頷いた。高校3年間をインドで過ごした彼にと

っては、たいして驚きもない提案だったのだろう。

　僕らは、早速、インドに行くことにした。実際にやることになったら、身構えるほどのことでもなかった。僕はすでにインドへは何度か足を運んでいたし、他のメンバーにとってインドは第二の故郷だったから。僕たちは、南インドのケーララ州を訪れ、スパイス問屋を訪ね歩いた。間口の狭い店先にずらりと並べられたスパイスは、どれも美しく上物だった。カルダモンは貿易商を営むシャンカールやバラッツが目をむくほど美しい緑色をしていたし、挽きたてのコリアンダーは周辺の空気ごと巨大なタンクに密閉してその中に棲みついてしまいたいくらい薫り高かった。

　市場に行けば、日本では見たことのない野菜やハーブに巡り合ったし、上半身裸のブッチャーたちが豪快にチキンやマトンをさばく姿は、日常の景色の中に違和感なく溶け込んでいた。僕たちは、思い思いのスパイスや食材を買って宿泊していたコテージに戻り、1日かけて存分にクッキングをした。できあがった料理はどの味も日本にいるときよりおいしかった。スパイスのセンスが身についちゃったかも。僕なんか、あっさりと勘違いしてぬか喜びしてしまったくらいだ。

　インドに行ってスパイス料理を作る。このイベントは、東京スパイス番長の中で毎年恒例となった。僕らはこの行事を「CHALO INDIA（チャロー、インディア：インドへ行こう）」と名づけ、"インドのマトンはヒツジ肉かヤギ肉か"をテーマにパンジャーブ州を訪れたり、"乳製品の魅力を探ろう"をテーマにグジャラートでバッファローの乳しぼりに勤しんだりしている。

　インドへ料理をしに行くようになって、果たして僕のスパイスカレークッキングは変わっただろうか？　実際のところ、まだよくわからない。まだまだ冒険の途中なのだから。今年のインド旅で、最後に訪れたコルカタという街で、僕らは何軒かのベンガル料理店を訪れた。いくつもの川魚のカレーをほおばったら、そのどれもが強烈においしくて、ごはんが止まらなくなった。

　マスタード油のツンとした香りをおでこの裏のあたりに感じながら、「来年は、インドで魚釣りもいいな」と思った。自分で釣った魚をおいしく料理するのに最適なスパイステクニックは、いったいどんなだろう？　これでまた1年、探るべき研究テーマが増えた。

125

おわりに

『はじめてのスパイスカレー』、いかがでしたか？

本書は、10代の終わりにスパイスに興味を持ち、
独学でのスパイスカレー料理に悪戦苦闘し始めた、
若き日の自分に向けて作りました。

「あのとき、こんな本があったらどんなに便利だっただろう」
内容を考え、レシピを練りながら、何度かそう思いました。
馬鹿みたいですね、自画自賛で……。

でも僕がこれまでに山ほど失敗を重ね、悩んできたことは、
これからスパイスカレーを作ろうとする人であれば、
遅かれ早かれ通る険しい道なのだろうと思います。
今、まさにその旅路の途中にいる人もいるでしょう。

スパイスロードを突き進むみなさんの道しるべになりたい。
だから、おいしいカレーにたどり着くための秘密の近道を
思いつく限り書き記したつもりです。

皆さんにとって、本書が、
僕の苦悩し続けた20年をさっと飛び越えられる、
使い勝手のいい手ほどきとなりますように。

No spice, No life.
2012年初夏　水野仁輔

水野仁輔（みずの・じんすけ）

AIR SPICE 代表。1999 年以来、カレー専門の出張料理人として全国各地で活動。『スパイスカレー事典』（パイ インターナショナル）、『カレーの教科書』（NHK 出版）、『幻の黒船カレーを追え』（小学館）などカレーに関する著書は50冊以上。現在は、本格カレーのレシピつきスパイスセットを定期頒布するサービス「AIR SPICE」を運営中。

http://www.airspice.jp/

3スパイス & 3ステップで作る
はじめてのスパイスカレー

2012 年 5 月 11 日　初版第 1 刷発行
2020 年 8 月 7 日　　第15刷発行

著者	水野仁輔
撮影	今清水隆宏
イラスト	佐伯ゆう子
デザイン	根本真路
校正	広瀬 泉
編集	長谷川卓美
発行人	三芳寛要
発行元	株式会社パイ インターナショナル 〒 170-0005　東京都豊島区南大塚 2-32-4 TEL 03-3944-3981　FAX 03-5395-4830 sales@pie.co.jp
印刷・製本	図書印刷株式会社

©2012 Jinsuke Mizuno / PIE International
ISBN 978-4-7562-4237-2 C0077
Printed in Japan

本書の収録内容の無断転載・複写・複製等を禁じます。
ご注文、乱丁・落丁本の交換等に関するお問い合わせは、小社までご連絡ください。